管理会计——会计转型的必经之路

赵伯廷　蒋四荣　陈白宇　廖　玲　著

北京工业大学出版社

图书在版编目（CIP）数据

管理会计：会计转型的必经之路 / 赵伯廷等著. —
北京：北京工业大学出版社，2019.10（2022.5 重印）
ISBN 978-7-5639-6791-9

Ⅰ．①管… Ⅱ．①赵… Ⅲ．①管理会计 Ⅳ.
① F234.3

中国版本图书馆 CIP 数据核字（2019）第 083987 号

管理会计——会计转型的必经之路

著　　者：赵伯廷　蒋四荣　陈白宇　廖　玲
责任编辑：张　贤
封面设计：点墨轩阁
出版发行：北京工业大学出版社
　　　　　（北京市朝阳区平乐园 100 号　邮编：100124）
　　　　　010-67391722（传真）　　bgdcbs@sina.com
经销单位：全国各地新华书店
承印单位：三河市明华印务有限公司
开　　本：710 毫米 ×1000 毫米　1/16
印　　张：12
字　　数：200 千字
版　　次：2019 年 10 月第 1 版
印　　次：2022 年 5 月第 3 次印刷
标准书号：ISBN 978-7-5639-6791-9
定　　价：48.00 元

前　言

　　历史进入 21 世纪，我国会计界面临着一系列需要加以研究的重要课题。20 世纪 90 年代以来，对财务会计领域的研究，特别是对财务会计准则体系的建立与完善的研究，一直是我国会计界广泛加以关注并深入进行探讨的课题。而在同一期间，由于种种原因，我国会计界对管理会计领域的研究却缺乏应有的重视。我国的管理会计，无论是在理论研究还是在实践应用方面，同美英等西方发达国家相比仍存在着很大的差距。可以说，我国的管理会计近年来既遭遇到很大的挑战与危机，也存在着极好的机遇和发展前景。

　　根据管理会计的历史变迁，其经历了几个发展阶段：从财务会计中分离，形成一门独立学科；20 世纪初到 20 世纪 50 年代发展至执行性管理会计阶段；20 世纪 50 年代之后发展为决策性管理会计阶段；20 世纪 80 年代后成为作业管理会计阶段；20 世纪 90 年代后为战略管理会计和国际管理会计阶段。这些表明管理会计大致呈现出国际化、战略化和行为化的发展趋势。我们将作业管理会计、战略管理会计和国际管理会计统称为现代管理会计阶段。

　　全书共分成七章内容。第一章为绪论，主要阐述了会计学的发展历程、管理会计学兴起的背景、管理会计的基本理论以及管理会计的意义与作用、管理会计的职能与机构设置和管理会计人员的职业道德与职业教育等内容；第二章为管理会计的历史沿革与发展方向，主要阐述了 20 世纪管理会计的发展历程、21 世纪管理会计的发展方向以及管理会计理论体系在我国的发展与展望等内容；第三章为管理会计在企业中的应用现状与环境，主要阐述了管理会计在企业中的应用现状和管理会计在企业中的应用环境等内容；第四章为当代管理会计的新发展——战略管理会计，主要阐述了战略管理会计的基本理论、战略管理会计的基本方法以及战略管理会计的兴起与发展和战略管理会计的运用等内容；第五章为当代管理会计的新发展——作业成本管理会计，主要阐述了作业成本管理的基本理论、作业成本管理的研究综述以及作业成本管理会计的发展前景等内容；第六章为当代管理会计的新发展——人力资源管理会计，主要阐述了人力资源管理会计概述、人力资源管理会计的内容与作用、人力资源管理会计的产生与发展以及人力资源管理会计在我国发展的重要性等内容；第七章为知识经济时代下的社会文化观与现代管理会计，主要阐述了知识经济与经济管理体制、知识经济问题的社会文化观、管理会计的技术观与社会文化观、知识经济时代管理会计发展的新趋势以及知识经济的形成与发展对管理会计体系的影响等内容。

本书共七章约 20 万字，其中第七章约 2 万字，由广西建工金控投资有限公司赵伯廷撰写；第一章至第二章约 6 万字，由广西建工金控投资有限公司蒋四荣撰写；第三章至第四章约 6 万字，由广西建工金控投资有限公司陈白宇撰写；第五章至第六章约 6 万字，由广西建工集团智慧制造有限公司廖玲撰写。为了确保研究内容的丰富性和多样性，在写作过程中参考了大量理论与研究文献，在此向涉及的专家学者们表示衷心的感谢。最后，限于作者水平不足，加之时间仓促，本书难免存在疏漏和错误，在此，恳请同行专家和读者朋友批评指正！

目 录

第一章 绪 论

随着现代会计的不断发展，在其管理职能方面，也越来越受到重视，从而使会计与管理直接结合的管理会计逐步从传统的会计中分离出来，形成了现代企业会计的两大分支——管理会计和财务会计。管理会计从传统会计中分离出来，是会计不断发展的必然结果。管理会计拓展了会计的管理职能，侧重于研究企业内部未来和现在资金运动的规划与控制，它吸收了现代管理科学的一些成果。管理会计是管理科学和会计科学相互渗透的一门学科。

第一节 会计学的发展历程

一、国内外会计学的发展

（一）会计的产生

任何一种科学行为的发生，都有其特殊的历史背景和条件，会计的产生也是一样。历史唯物主义的观点认为，物质资料生产是人类存在和发展的基础，人类的发展依赖于物质资料的生产。回顾人类社会的发展史，我们就能清楚地知道，只有当社会物质资料的生产达到一定的水平，才会产生会计的思想和行为。

根据国内外的考古资料证据显示，会计的产生最早是在旧石器中、晚期。此时的人类随着对自然界认识不断加深，大大地提高了自身的劳动水平，所生产出来的生活资料在满足自身的需要之后，偶尔还会出现一些剩余的劳动产品，这时的人类开始关心自己的劳动成果。随着生产活动的日益复杂，单凭头脑记忆已不能完成这项工作，由此，原始计量和记录的行为发生了。

社会生产力的发展和私有财产的出现，带来了政治、经济、文化等多方面的变化，进一步促进了会计的发展。原始社会末期，随着剩余劳动产品的增加，社会的生产、分配、交换、消费等问题日益突出，原有的计量和记录方法已经不再适用，产生了对会计的新需求。

在长期的社会实践中，人们逐渐形成了数量的观念，发明了实物记数、绘画记数、结绳记数、刻契记数等原始的会计方法。此后，随着生产力的发展，会计从生产活动中逐渐独立出来，成为一个专门的技术工作。

（二）我国会计的发展概况

会计的含义，据清代学者焦循在《孟子正义》中的叙述是："零星算之为计，总合算之为会。"中国"会计"命名的起源时期大致有三种说法：夏代、战国和西周。这三种说法都有其各自的依据，但是人们普遍接受的是起源于西周。根据《周礼·天官》记载："司会掌邦之六典、八法、八则之贰，以逆邦国都鄙官府之治。以九贡之法致邦国之财用，以九赋之法令田野之财用，以九功之法令民职之财用，以九式之法均节邦之财用。掌国之官府、郊野、县都之百物财用。凡在书契、版图者之贰，以逆群吏之治而听其会。"其主要发展历程如下所示。

1. 西周时期

这个时期我国是一个高度发达的奴隶制国家，此时的农业、手工业以及商业都有了更好的发展，并建立了完善的国家行政机构。根据《周礼》记载，西周时期的会计组织机构已经十分完备，设置了司会及其所属的司书、职内、职岁和职币等财会职能部门，管理国家的一切经济动脉，达到全面控制西周王朝财政收支的目的。此时，我国的会计结算方法开始了由盘点结算法向三柱结算法过渡的时期。三柱结算法是根据"收入－支出＝结余"这一公式，结算出本期财产增减变化过程及其结果的方法。

2. 春秋战国时期

这个时期是我国奴隶制逐步瓦解、封建制建立发展的重要时期，也是我国封建社会会计发展的重要起点。随着社会生产力和经济发展的需要，各级政府都设置了掌管财会核算的官员，各级财会官员在核算中使用各种凭证和账册来记录经济行为，并形成了对上的会计报告制度。此时，也颁布了很多与会计相关的法律条款，如《法经》《秦律》等都有很多会计律条。这个时期的会计记录方法也开始采用定式简明的会计记录，并建立了一定的会计记录格式。秦王朝建立后，采取了统一的文字、度量衡、货币及财政制度，促进了会计的统一和发展进程。

3. 唐宋时期

这个时期可以说是我国会计发展的鼎盛时期，这与经济的发展密不可分。这个时期会计最重要的突破就是"四柱结算法"的创立和运用。四柱结算法以"旧管＋新收－开除＝实在"的基本公式为结算依据，克服了三柱结算法的片面性，划清了本期收入数额与上期结余数额之间的界限，在一定程度上可以防止新旧账目的混淆、抑制官员贪污行为。这样既可以保证国家各项预算收入的正确核算，也可以加强对国家资产的管理。四柱结算法是我国历代会计工作者在实践中创造的科学结算方法，是我国会计发展的里程碑，为我国从单式记账法向复式记账法发展奠定了基础。唐宋时期的会计著作也是层出不穷，《元和国计簿》《大和国计》《会计录》等，都为我国会计发展史书写了重要一页。

4. 明清时期

这个时期会计最重要的进步是复式记账法开始形成并发展起来，其标志就是"三脚账"和"龙门账"的出现。"三脚账"是在中国传统的单式记账基础上演进而成不完全的复式记账法，有承前启后的作用，其特点是对不同的经济事项的处理规则不同。凡现金收付事项，只记录现金的对方，另一方明确为现金，故略去不记；凡转账业务，须记录两笔，即同时记入来账和去账。"龙门账"特点是店家将经营中发生的全部经济业务按其性质的不同分为"进、缴、存、该"四大类。"龙门账"推动了我国簿记从单式记账向复式记账的转变，是中国会计发展史上的里程碑，至今仍有借鉴作用。

5. 鸦片战争之后

这个时期西式复式记账方法开始传入中国，对我国的会计发展产生了重大影响。1908年大清银行创办，标志着借贷记账法在中国得到了实际的应用。其后，在北洋政府和国民政府两方面，对于西方的会计制度，均采取力求仿效的态度，从而，完善了会计制度，改善了会计方法。

6. 新中国成立之后

这个时期的时间区间主要指的是在新中国成立之后到改革开放之前，关于我国当时的会计制度。首先，主要是建立在高度集中的计划经济体制之上的，该体制是借鉴了苏联的会计模式，从而沿袭下来，并且在新中国成立的初期，还起到了重大的作用。其次，随着中国改革开放的进行，在经济体制方面也有所转变，原有的会计制度，已经无法适应经济发展的要求，甚至可以说，成为经济发展的阻碍。最后，由于以上问题的出现，1985 年，《会计法》得以颁布，这是新中国第一部会计法律，它的颁布标志着我国在会计工作方面，进入了一个新时期，也就是社会主义法制化的新时期，起到了里程碑式的作用。

（三）国外会计的发展概况

私有制和国家的出现，使会计的产生和发展有了肥沃的土壤。处在奴隶社会的文明古国同中国一样有了原始记录和计量：在埃及，人们发现了最古老的"账单"；在伊拉克，人们发现了最早的原始算板。这些都表明这个时期的人类已经发明了很多记账方法。其主要几个时期如下所示。

1. 封建社会时期

资本主义经济关系在商业和金融业中开始萌芽，出现了佛罗伦萨式簿记、热那亚式簿记、威尼斯式簿记等复式记账法的早期形式，这些都是当时世界上最进步的会计记录方法，反映了西式复式记账法的萌芽。这些会计的新发展和金融业的繁荣密不可分，十字军东征带动了地中海贸易的繁荣，由于得天独厚的地理位置，意大利人几乎垄断了国际金融业，成为最活跃的商人。而佛罗伦萨更是欧洲的金融中心，银行规模大且数量多，为了反映债权债务的发生和清偿，银行家开始采用账簿进行记录。

2. 资本主义时期

国外的会计体系得到了全面的发展。1494 年，意大利数学家卢卡·帕乔利出版了《数学大全》。在这本数学专著中，有一部分内容系统、完整地对威尼斯式簿记进行了总结，并且形成了复式簿记的基本框架和思路。可以说，这是最早出版的，主要关于论述 15 世纪复式簿记发展方面，具有总结性的文献。一方面，它的出现不仅推动了西式簿记的传播，还促进了其发展；另一方面，是一部在会计发展过程中，具有里程碑意义的文献。此后，以意大利为中心，复式簿记直接或间接地传播到世界各地，并在传播过程中不断地发展、完善。继意大利之后，英国和美国相继成为世界会计的中心。

3. 工业发展时期

工业的不断发展对会计核算提出了新的要求，成本会计应运而生。1804 年在约翰·米夏埃尔·洛伊赫斯出版的《商业体系论》中，对成本要素进行了分类，之后成本会计的著作相继出版，为以后成本会计的科学化做好了准备。20 世纪的成本会计发展势头迅猛，体现弹性预算、保本图、直接成本计算、资本预算和统一成本会计标准等方面，在这个时期美国做出了重大贡献。

1973 年国际会计准则委员会成立，这是一个在国际范围内对各国会计进行协调的重要组织。此后，委员会做了一系列工作，如发布了 32 项国际会计准则，发布了《关于编报财务报告的框架结构》，发布了两份征求意见稿等，会计开始向国际化发展。

4. 20 世纪 90 年代至今

会计工作的经济环境日益变化，引发了新的发展趋势。凡有经济活动的地方，会计都发挥着重要的作用。会计核算日益集中化、国际化、规范化、信息化。现代会计在传统会计的基础之上，通过变革逐步形成。

二、会计的综合发展概况

会计是一个古老的行业。随着社会环境的变迁，社会对会计信息的要求不断发生变化，会计不断发展演变。近现代以来，社会发展的速度加快，使得会计的面貌也日新月异，并且会计在社会经济生活中，所能发挥的作用越来越重要。

（一）早期会计的发展历程

古代人类发明文字和算数主要目的就是记录各种信息。古代巴比伦人在楔形文字书板上，就记录了生产的农作物的数量和种类。这些原始计量的行为，随着生产力的发展，剩余产品大量出现以后，逐步从人们进行生产、交换、分配和消费活动的附带职能，演变成一个独立的职能。因为社会化的生产，使得共同协作劳动取代了个体劳动，脱离了劳动生产的个人，得以单独从事会计工作。奴隶社会中单式簿记和内部控制特征形式的会计，标志着独立意义的会计产生。在我国，"会计"一词在《周礼》中被多次提及，当时还产生出地方审核会计，文书的"司会"一职。会计虽然已经有人单独担任，但是这个时期的会计还是很不成熟的，并没有形成一门独立的学科。

（二）近代会计的发展历程

1. 复式记账方法的产生

近代会计的真正起点，是 1494 年《算术、几何、比及比例概要》一书的出版。中世纪时期的地中海沿岸城市成为世界商业中心。海运贸易的繁荣需要采用一定的簿记方法来记录商业交换中的债权债务关系。三百年间，日益发展的商业和金融业推动了意大利佛罗伦萨、威尼斯、热那亚等城市流行的复式记账方法的发展。1494年，研究数学问题的意大利修道士卢卡·帕乔利完成了这部详细记述威尼斯当地复式记账法的著作，因此书中介绍的簿记方法又被称为威尼斯法。这本书的出版，使得复式簿记方法在欧洲以至全世界得到推广。因此我们普遍认为复式记账方法的产生是近代会计的标志。

当时的复式簿记方法和我们今天的会计方法还是有许多不同的，比如由于公众很少向企业进行投资，企业因此不对外承担经济责任，财务会计报告并不是当时信息传递的重要手段，会计还是主要体现为簿记系统的记录和汇总功能。另外，当时的簿记系统主要是为单个业主提供保密的资产和负债信息，所以不具有统一性，没有统一的会计标准和单一稳定的货币单位，并且没有会计分期和持续经营的概念。

2. 工业革命催生管理会计等会计分支学科

19世纪产生于英国的工业革命，打破了四个世纪以来会计理论和方法缓慢发展的步伐。产业技术的高速发展，产生出新的企业组织形式——股份公司。股东和管理者的分离、潜在投资者和社会公众等新增信息使用者的需要，都对会计提供的信息提出了新的要求。对企业会计的监督需求，催化了以查账为职业的公共会计的产生，也促成了审计学科的发展。1854年在英国爱丁堡成立了世界上第一个会计师协会。1887年美国会计师协会也宣告成立。

股份公司中股份的永久性也影响了持续经营和会计分期的概念提出。机器的使用产生了折旧概念，批量生产的复杂工序推动了成本会计的出现。这一时期的公司管理者需要更为先进的会计系统提供信息，以满足不断投产的新产品、新增加的流水线、新筹措的资金等各方面经营策略所提出的要求。管理会计因此产生，它实现了对公司成本的控制和对企业业绩的评价功能。这个时期里簿记学成长为会计学，会计开始出现财务会计、管理会计、审计和成本会计等分支学科。

（三）现代会计的发展

20世纪20年代后，会计学的中心随着经济重心的转移，从英国转到了美国，发展出了适应复杂工业制造流程的标准成本会计等许多比较成熟完善的会计科学。会计理论向现代会计发展阶段转化。

这个时期纽约股票交易所开始要求成员公司提交财务报告，成为最早监管公司对外报告的组织。股市缺乏监督被认为是股市崩溃的重要原因为人们所重视以来，美国证券交易委员会开始不仅要求上市公司公布年度报告，还要公布季度报告，并且这些报告必须经过注册会计师的独立审计。

公司的形式也发展得越来越复杂多样，管理者很难独自完成整个公司的监督控制，因而对于企业内部的控制系统也达到了一个更高的需求层次。企业的内控理论和实践都实现了新的飞跃。

财务会计受到了高度的监管，会计程序得到了严格的规定。各国先后制定出台了许多会计准则，促使会计工作规范化，以适应证券化市场的需要。跨国公司的兴起，更增添了国际会计这一分支学科。会计电算化进一步提高了会计信息的处理和传递速度。人力资源会计、环境会计，社会责任会计等新兴学科扩大了会计的应用领域。

第二节 管理会计学兴起的背景

一、现代管理会计的现状

现代管理会计是随着经济的发展和企业经营管理的要求不断拓展新领域、吸收新内容的管理会计，现代管理会计正逐步发展成为一门更为新型的学科，且更加适应未来经济的发展。我国经过多年的改革开放，经济已经持续保持着高速增长。为了稳步推动我国经济和社会全面、协调、可持续发展，财政部陆续颁布实施了新的《税法》《企业会计准则》《企业财务通则》等法律法规和财税管理规章制度，促进了我国财税理论与实践的变革与发展。

财税管理作为市场经济运行管理的主体，为国家及地区财政税收管理，国家、区域和企业经济政策和发展计划的制定及实施，提供了科学的依据和支持。会计和税务在国家经济建设和发展、改善民生、构建和谐社会等各方面发挥着极其重要的作用，并涉及各个经济领域的每一个企业、单位，因而深受各级政府、各类企业和各单位管理者的高度重视。

目前，我国已进入经济和社会转型期。随着国家经济转轨、产业结构调整，我国政府倡导全民大众创新创业，大批新兴服务和文化创意产业不断涌现，如物流、电子商务、旅游、生物、医药、动漫、演艺等。同时，我国"一带一路、互联互通"总体发展战略的制定和实施，极大地促进了我国经济国际化的快速发展。这些都促使国家及时出台多项有利于新兴产业、外向型企业和中小微企业发展的财税政策。

现代会计在其发展过程中已构建了较为完善的会计信息系统和会计控制系

统，渗透到企业经营管理的各个方面，发挥着重要的管理作用。财税政策体现了国家经济发展的主导性，财税规章管理制度则是企业合法经营的基本保障。随着我国经济改革不断深化、经济国际化特征日趋明显，企业内外部环境也在发生着重大变化，新的经济现象与管理方式不断出现，这就对企业会计从业人员业务素质提出越来越高的要求。加强现代企业管理者会计、税务知识技能的培训及更新升级，定期、系统培养并提供符合时代需求的财税管理人才，规范经营、提高管理能力、更好地为我国经济发展服务，已成为财税管理工作的一个重要目标。

二、大数据时代下的管理会计

（一）大数据时代概念

1. 大数据时代主要内容

①概念。随着科技的不断发展，数据已经存在于我国经济运行的每一个角落，大数据时代已经到来，并且可以说，已经在我国经济转型时期，作为重要时代背景而存在。

②内涵。关于大数据，其别名还可以称为海量数据，其最重要的内涵是由于涉及的数据信息量过大，从而导致不仅无法直接利用人脑进行处理，还存在即使利用信息处理软件，也无法达到处理目的的情况。

③特点。大数据时代的显著特点主要体现在数据的爆炸式增长。目前，如何运用大数据工具，已经成为企业管理的重要课题。

2. 大数据时代对企业发展的影响

随着大数据时代背景的影响越来越深入，在企业财务发展方面，已经形成了一种新的趋势，那就是业财融合。关于业财融合的概念，主要是：首先，以大数据为桥梁，从而实现连接业务信息和财务信息；其次，对于在传统会计管理方面，所不能提供的相关信息，包括了财务数据以及财务信息，大数据能够使之得到更加深入地发掘；最后，将业务流、财务流、物资流、信息流四个方面做到有机统一，从而实现数据共享。

3. 大数据时代对我国财政的影响

出于对供给侧改革的研究和"三去一降一补"方面的考虑，首先，大数据由我国财政部提出，深入推进管理会计的发展。其具体表现为，财政部办公厅于 2016 年发布了一项基本准则，其主要内容是关于管理会计，一方面，指出将业务流程作为基础；另一方面，实现财务与业务的有机结合。

其次，随着时代的不断进步，传统的管理会计已经难以跟上新的时代要求。为了迎接新的挑战，并且适应企业信息化的发展，企业必须探索出一条道路，不仅能够符合大数据时代要求，还能够在业财融合背景下，构建一种新型管理会计框架。新时代的到来，可以说是一把双刃剑，不仅为企业带来了难题，还带来了新的机遇。

（二）大数据时代对管理会计的影响和作用

1. 大数据时代对管理会计的影响

作为现代会计学重要组成部分之一，管理会计的目的主要体现在视企业内部控制者而服务，通过提供有用的数据与信息，从而实现提高企业的经营效率的目的。当前的时代背景现状，主要体现在大数据时代和业财融合两方面。管理会计一方面，可以通过运用多种信息化工具，对相关数据进行采集和分析；另一方面，在深化职能上，为其发展提供了新的机遇。

2. 大数据时代对管理会计的作用

一方面，大数据不仅在企业预测能力上，还在企业经营决策能力上，能够起到推动提高的作用。其一，随着大数据时代的发展，对于企业所产生的影响，既提升了信息传递的速度，还使得其数量也得到不断提升。其二，在企业的管理会计方面，首先，应充分抓住时代的机遇，通过利用相关大数据工具，进行数据取得。其次，对于数据进行挖掘和分析，以便能够实现及时地从资本市场获取信息。最后，根据以上方面所获取到的信息进行分析，并且对于竞争对手的举措作出及时准确的应对反应，从而可以实现赢得市场先机的目的。

另一方面，在大数据时代下的物联网利用上，其一，企业可以通过利用大数据工具，实现挖掘客户更多的基本信息的目的；其二，利用大数据工具，对以往数据进行分析，还可以挖掘出以前被忽略处理的、有价值的信息。

第三节 管理会计的基本理论

一、管理会计的定义

关于究竟什么是管理会计？针对该问题，一方面，国内外会计学界有关学者在不同时间，从不同的角度对管理会计进行了定义。另一方面，不仅随着经济的发展，还随着管理会计理论和方法的研究不断深入，管理会计的含义也在不断发展和完善。

（一）西方观点

1958年，美国会计学会下属的管理会计委员会指出，关于管理会计的概念，是指主要应用在对于企业历史和未来的经济资料进行处理时，以经营管理人员为主体，所应用的相关技巧和概念。一方面，实现合理经营的目的和计划；另一方面，能够根据以上目的，作出明智决策。该定义实质上是从微观角度来解释管理会计，指出管理会计的核心是计划与决策。

1981年，美国全国会计师联合会下属的管理会计实务委员会，针对管理会计的相关内容，发布了首个管理会计公告。在该公告之中，首先，关于管理会计的定义，主要是为了管理当局提供服务的。一方面，用于企业内部计划、评价、控制等方面的相关信息；另一方面，用于确保企业资源合理利用。在管理层履行经营管理责任方面，不仅包括了确认、计量、归集、分析，还包括了编报、解释和传递信息的过程。其次，在管理会计的工作内容方面，不仅包括了股东、债权人、规章制度机构，还包括了税务当局等方面，为相关的非管理当局编制财务报告。

1982年，英国的成本和管理会计师协会认为："除外部审计以外的所有会计分支均属于管理会计的范畴，包括簿记系统资金筹措、编制财务计划与预算、实施财务控制、财务会计和成本会计等。"此定义把管理会计的范围扩大到除了审计以外的一切财务与会计。

1988年，国际会计师联合会下属的财务和管理会计师委员会发布的《论管理会计概念（征求意见稿）》将管理会计解释为："在组织工作中，管理会计是管理部门用于计划、评价和控制信息的确认、计量、收集、分析、编报、解释和传输的过程，以确保其资源的合理使用并履行相应经营责任的过程。"

1997年，美国管理会计师协会，根据管理会计师的职责方面的内容，建立管理会计的定义，其内容主要有提供价值增值，为企业规划、设计，计量和职业创造四个方面，实现在组织战略、战术和经营目标方面必需的文化价值。

在当前最新的《管理会计公告》之中关于管理会计的定义，有了一个新的解释，其内容主要是关于管理会计的主要功能。首先，不仅深度参与管理决策，还制订计划与绩效管理系统；其次，不仅提供财务报告，还可以提供控制方面的专业知识；最后，可以说是一种服务于管理者，使其在制定并实施组织战略方面，能够顺利进行。

（二）国内观点

20 世纪 80 年代初，西方管理会计理论传到中国，我国学者在研究管理会计问题时对其定义有如下观点。

李天民教授提出关于对管理会计的理解，首先，通过一系列的专门方法，对相关数据及资料进行整理与分析。其次，一方面，是通过利用财务会计提供的资料所进行的整理、计算、对比和分析方面的处理，作用于企业内部各级管理人员，为其工作提供依据；另一方面，在整个企业日常和预期工作上，不仅是与之相关的经济活动，还有对发出的信息进行规划、控制、评价和考核，帮助企业管理当局保证其资源的合理配置和使用，从而使其做出最优决策的一套信息处理系统。

余绪缨教授关于对管理会计的理解，首先，是作用于企业内部使用者之中，主要是为其提供管理信息的会计；其次，为企业内部使用者提供的资料所能起到的作用，不仅可以有助于其正确进行经营决策，还可以改善经营管理，从而实现会计信息内部管理职能。

关于管理会计体系方面，主要由微观管理会计、宏观管理会计和国际管理会计三部分组成。

胡玉明教授提出，管理会计就是为企业核心能力的诊断、分析、培植和提升服务。由此可见，管理会计的概念是在不断发展变化的。结合上面的表述，本书认为管理会计的概念可以定义为，主要利用财务会计、统计及其他财务与非财务信息，以现代管理科学为基础，通过采用一系列专门方法，从而实现对企业内部的经营活动，和其产生的信息进行规划、控制、评价与考核，协助企业管理当局对其资源的合理配置和有效使用做出最优化决策的信息管理系统，是现代企业会计的一个分支。

二、会计的职能与内容

（一）管理会计的职能

根据上述定义，管理会计既是一项具体的会计活动，也是一种管理行为，兼具会计与管理的双重属性。其中，从会计角度看，会计活动具有事后反映和定期监督的基本职能，以及事前、事中管理控制的扩展职能；从管理角度看，关于现代企业的管理活动，不仅在决策、计划、组织上，还在指挥、控制和协调上，具有的基本职能。

因此，管理会计的职能不同于财务会计，它可以综合地履行更广泛的职能，传统财务会计由单纯的核算扩展到现代型财务会计，也就是不仅包括了分析过去、控制现在，还包括了筹划未来。由此，我们将现代管理会计的职能概括为以下三个方面。

1. 分析过去

管理会计具有分析过去的职能，主要体现在对财务会计所提供的资料，通过加工、改制和延伸等方法，做进一步地处理，不仅能够使之更好地适应筹划未来，还能够控制现在的需要。举例来进行说明，以财务会计提供的成本资料作为依据，按照成本与产量的关系，对成本可以分为固定成本与变动成本。建立在这些基础之上，首先，这些分析不仅进行在盈亏临界点，还包括了本量利依存关系方面的分析；其次，编制弹性预算，并且制定标准成本；最后，较深入地分析成本差异。一方面，能够在企业正确进行经营决策方面，提供信息；另一方面，可以为企业在加强计划与控制方面，提供许多重要信息。

综上所述，管理会计分析过去并非财务会计的简单重复，而是把它延伸到更广、更深的领域，使之在管理上发挥更大的作用。

2. 控制现在

在管理会计方面，需要对日常活动进行有效掌控，而控制与考核是该职能的重要形式。控制是指控制企业的经济过程，首先，根据会计规划等方面的内容，确定的各种目标；其次，通过采取各种有效措施，实现对可能发生的信息和已经发生的信息进行分析；最后，使得关于企业的相关经营活动，实现以既定的决策和预算进行。

考核是指评价企业经营业绩。管理会计主要通过事后建立责任会计制度来考核与评价经营业绩，根据在各责任单位之中，关于其定期编制的业绩报告，不仅需要将实际与预算进行对比，还需要逐级分析、考核责任指标的执行情况，找出成绩和不足，从而为落实奖惩制度、正确处理分配关系、保证经济责任制的贯彻执行提供必要的依据。

3. 筹划未来

预测与决策在管理会计方面，是筹划未来的重要形式，其主要内容如下。

①预测。也可以称为预测经济前景。主要是指通过科学的方法，首先，根据过去和现在的状况，进行分析；其次，对未来发展变化趋势进行预计、推测；最后，它着重提供的是，建立在一定条件下，在生产经营各方面，关于在未来一定时期内，其所能够实现的数据。

②决策。也可以称为参与经济决策。首先，是在一定的前提下，按照客观经济规律的要求，并且为了实现一定经营目标，与之相关的方案。通过分析比较，权衡利害得失，从中选取最优者。

其次，在管理会计筹划未来的环节中，其一，能够对于所掌握的丰富资料，进行充分利用；其二，严密地进行定量分析；其三，对于管理部门方面，能够帮助其客观地掌握情况。综上所述，达到提高预测与决策的科学性目的。

（二）管理会计的内容

管理会计的职能具体表现为管理会计的内容。根据管理会计的三项职能，现代管理会计不仅包括了管理会计基础、决策会计，还包括了控制会计、管理会计，以上四大方面，就是其主要内容。

1. 管理会计基础

关于管理会计基础，首先，在管理会计职能之中，是建立在其分析过去的职能之上的；其次，对于财务会计方面所提供的财务信息，采用加工、整理的处理手法；最后，不仅在实现现代管理会计筹划未来方面，还在控制现在的职能之上，建立基础。对于管理会计基础的内容，主要从成本性态分析、变动成本法和本量利分析等方面进行梳理。

2. 决策会计

关于决策会计，首先，主要是建立在管理会计筹划未来的职能之上，进行总结归纳得出来的。其次，主要是建立在预测企业经济前景的基础之上，进行的规划未来、参与决策活动。最后，决策会计分析评价核心主要包括了经营决策和经济效益，对这两方面的分析是现代管理会计形成的主要标志之一。决策会计的内容很多，主要从经营预测、短期经营决策、长期经营决策等方面进行介绍。

3. 控制会计

控制会计主要是在管理会计控制相关职能的基础之上发展起来的。首先，它依据管理会计基础，不仅包括了其所整理的资料和规划，还包括了关于决策会计所指定的决策事项。其次，在企业经营管理活动方面，包括了正在发生或将要发生的内容，施加的影响，使之实现预定的目标或标准。最后，控制会计通常以责任会计为核心，对于经营活动的进程和效果投以重视的同时，进行评价与控制。控制会计的内容主要从全面预算、标准成本系统、分权管理与业绩考核等方面进行讲解。

4.管理会计专题

现代管理会计，首先，是建立在随着经济的发展和企业经营管理的要求基础之上。其次，是既要求不断拓展新领域，又要求吸收新内容的管理会计。关于现代管理会计发展方向，其一，成为一种更新型的学科；其二，更加适应未来经济发展，满足以上两个方面的管理工作。最后，现代管理会计重要的内容，不仅包括了作业成本管理、质量成本管理，还包括了环境会计等方面的内容。重点对作业成本法与作业成本管理、战略管理会计两个专题进行介绍。管理会计内容如图1-1所示。

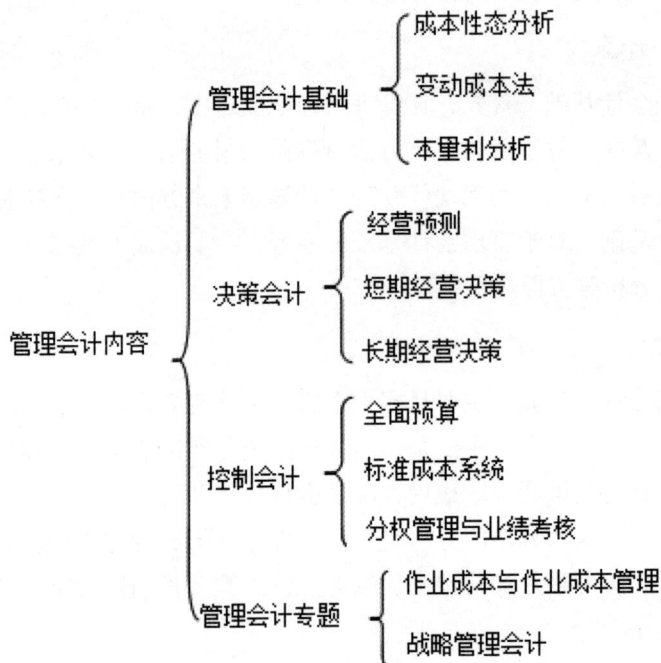

图1-1　管理会计内容

三、管理会计的形成与发展

（一）管理会计的产生与形成

19世纪末20世纪初，西方国家处于资本主义社会中，近代会计与当时以经验和直觉为核心的传统管理方式相适应，对社会的经济发展起到了积极的促进作用。但随着社会生产力水平的提高和商品经济的迅速发展，传统管理方式所无法克服的粗放经营、资源浪费严重、企业基层生产效率低下等弊端，同大机器工业的矛盾越来越尖锐。于是，取代旧的落后的"传统管理"的"科学管理"方式应运而生。

20世纪上半叶，西方管理学理论有了较大的发展。以美国的泰勒和法国的法约尔为代表人物，在其古典管理理论指导之下，在企业管理实践之中的内容，首先，先后应用了以确定定额为目的；其次，提出动作研究技术、差别工资制，并使计划职能与执行职能相分离。具有以上两方面主要特征的管理学理论，不仅在预算管理与差异分析方面，还在日常成本控制方面，产生了一系列具有标准化、制度化特性的新技术、新方法。

这对片面强调事后反映职能的传统会计理论造成巨大冲击。在这种情况下，企业会计必须突破单一事后核算的格局，采取对经济过程实施事前计划和事中控制的技术方法，更好地促进经营目标的实现。

伴随着企业管理方式的变革，会计学渐渐与管理学融合，开始进入由近代会计向现代会计转变的进程，原始的管理会计也初见端倪。

20世纪初，在美国企业会计实务中出现了以差异分析为主要内容的"标准成本计算制度"和"预算控制"。在科学管理学说的影响下，1922年美国会计学者奎因斯坦的《管理会计：财务管理入门》一书首次提出了"管理会计"这一术语，同时也阐明了企业的会计管理工作与财务管理工作之间的关系。另一位美国学者麦金西在1924年出版了《管理会计》专著，系统地论述了管理会计的概念和理论。这一时期企业会计的发展与相关著作的发表标志着管理会计的原始雏形已经形成。

（二）管理会计的发展

第二次世界大战以后，资本主义社会出现许多新的特点：科学技术突飞猛进，并应用于生产之中，生产力获得迅速发展；企业规模越来越大，生产经营日趋复杂。企业外部的市场情况瞬息万变，国内外市场竞争日益激烈。为了提高企业各自的竞争力，免于被淘汰，管理与决策成为企业发展新的指导方向，要求企业将过去的以生产为中心的生产型管理模式调整为以开发市场、调动各方面积极性和取得最大可能经济效益为中心的经营决策型管理模式。在这一发展阶段，不仅管理会计的实践内容及特征发生了重大的变化，其使用范围也日益扩大，作用越来越显著。

1. 执行性管理会计阶段

20世纪初，西方经济迅速发展，社会化大生产程度不断提高，企业的生产规模不断扩大，市场竞争也日益激烈。企业迫切需要提高生产效率、降低成本费用。在此背景下，管理人员和管理理论开始受到重视。随着相关理论与科学方法的提出与应用，20世纪20年代产生了管理会计的实践活动，直到20世纪50年代，管理会计活动表现出局部性、执行性的特点。因此，20世纪初至20世纪50年代属于管理会计发展历程中的初级阶段。根据其特点，此发展阶段被称作"执行性管理会计阶段"。

执行性管理会计是在企业已确定重大方针、决策的前提下，以泰勒的科学管理学说为基础，采用标准成本、预算控制、差异分析等技术，协助解决执行中生产效率和效果问题的管理会计信息系统。在理论层面，执行性管理会计阶段以泰勒制为基础；在实践层面，此阶段以标准成本、预算控制、差异分析等方法为技术支撑。

（1）泰勒制

1911年，泰勒发表了《科学管理原理》标志着泰勒制的产生。泰勒制着重从时间、动作中的机械作业等视角，探寻多余动作的节省，从完善核算、健全监督制度入手，使工人的操作规程更加科学、合理，从而最大限度地提高劳动生产率。

泰勒制产生于金属制造业，与传统生产不同，金属制造和金属切割车间生产大量不同类别的产品，而各种产品所耗用的资源千差万别。因此，最初企业普遍使用的单一成本指标难以评价企业的生产效率与业绩。为此，以泰勒为代表的金属制造业工程师们开始将复杂的生产过程分解成简单易控制的生产环节，奖励详细、准确的原材料和劳动力使用指标，并且以按照科学方法确定的工作量为标准控制和支付工人的薪金。到20世纪初，这种成本系统已经能记录并分析标准成本与实际成本的差异。

（2）执行性管理会计阶段技术支撑

随着泰勒制的运用，企业为提高生产效率和工作效率，采取有效措施，加强成本控制。这些措施主要包括标准成本、预算控制和差异分析等。

标准成本是指在产品投产前，严格按照科学方法制定材料和人工的消耗标准，使产品标准成本不仅包括其中的标准人工成本、材料成本，还包括了标准制造费用等方面。

预算控制是事先按照人工、材料消耗标准及费用分配率标准，将各种成本与费用以预算的形式表现，据以控制费用的发生，使之符合预算的要求。

差异分析是指在一定期间终了时，对料、工、费脱离标准的差异进行计算和分析，查明差异原因和责任，借以评价和考核各方面的工作业绩，促使其改进工作。正是标准成本、预算控制和差异分析的运用，推动了成本会计向管理会计过渡。

2. 决策战略性管理会计阶段

第一次世界大战后，科学技术迅猛发展，不仅带来了生产规模的迅速扩大，还推进了企业管理的现代化。此种状况下，企业仅仅通过提高生产效率和内部标准化已经不能适应新经济形势的要求，企业管理重心随之由提高生产效率转移到提高经济效益、强化对生产经营活动的规划和控制上。在此阶段，企业为适应新的环境，将行为科学、系统理论、决策理论等经济学理论广泛应用于管理会计，以现代管理科学为理论依据，采用责任会计、本量利分析、作业成本法等，增强企业管理会计的能动性，扩大其涉入企业管理的深度和广度，从企业内部和外部，来提供相关的管理会计信息。处在这一阶段，一方面，管理会计活动相关的理论层面，以现代管理科学为依据；另一方面，在实践层面上，主要以责任会计、本量利分析、作业成本法等为技术支撑。

（1）现代管理理论

20世纪50年代以来，现代管理实践出现了一些新的变化。具体来说，管理理论方面，强调系统管理；管理内容方面，开始重视人力资源管理；管理职能方面，突出决策和战略管理；管理组织方面，提倡建立学习型组织与战略联盟，要求组织结构扁平化；管理方式方面，在将信息化与企业文化相结合的基础上选取权变方式；管理的约束条件方面，更加重视外部环境、国际化、社会责任和道德管理。与之相对应，现代行为科学理论、管理科学理论、系统理论、权变理论等现代管理理论在管理会计中得到日益广泛的应用。行为科学是西方现代管理科学的一个学派，是研究人类集合体行为的一门科学。行为科学应用于企业管理，其主要包括了四个方面的内容：其一，研究如何激发人的工作积极性；其二，提高劳动生产率；其三，改善并协调人与人之间的关系；其四，缓和劳资矛盾。行为科学理论的奠基人美国哈佛大学教授梅奥在著名的霍桑实验中，对于人群关系理论方面所提出的主要内容：其一，人是"社会人"而不是"经济人"；其二，企业中存在非正式组织；其三，生产效率主要取决于职工的工作态度以及他与周围人的关系。管理科学理论又称"计量理论"，该理论提倡采用数学的定量分析方法，利用数学符号和公式构建模型，利用计算机技术求出最优解，并由理性主体通过系统考虑作出科学决策。

一般系统理论是由美籍奥地利生物学家贝塔朗菲创立，强调大处着眼和全局思考。一方面，在事物发展方面，要求当作一个整体来研究；另一方面，利用数学模型描述并确定系统相关结构和行为。权变理论的代表人物是美国尼勃拉斯加大学的教授卢桑斯。该理论提出环境与管理之间存在权变关系，环境是自变量，而管理的观念和技术是因变量，强调以变应变，要求根据组织所处的内外部条件设置应变机制。

（2）决策战略性管理会计阶段技术支撑

为配合职能管理和行为科学管理，在决策战略性管理会计阶段，责任会计、本量利分析、作业成本法、平衡计分卡、经济增加值等专门方法作为技术支撑被应用于管理会计的实践中。

本量利分析首先研究成本和业务量之间的关系，并以此确定成本按形态的分类，将成本最终分解为固定成本和变动成本，再将收入与利润纳入数学模型中，进而确定成本、业务量和利润之间的关系。

关于作业成本法，还可以简称为 ABC 法，主要是指建立在以作业为基础之上的一种计算方法。首先，在作业成本法方面，企业的全部经营活动主要是由一系列相互关联作业组成。其次，企业每进行一项作业的时候，就要耗用一定资源，在企业进行生产活动的过程之中，需要通过一系列的作业来完成。最后，在产品的成本方面，可以说就是在企业进行全部作业的过程之中，其所耗用资源的总和。

责任会计以各级主管人员对企业目标和计划的贡献及履行职责的成绩为依据进行业绩评价。根据部门和单位的责任和控制范围大小，责任单位可以划分为成本中心、利润中心和投资中心。

平衡计分卡是源于"未来组织绩效衡量方法"的一种绩效评价模式，包括财务、顾客、企业内部流程、学习与成长四个维度的指标，并由此来评估企业的前瞻性投资。平衡计分卡主要通过图、卡和表来实现战略规划，将企业的战略目标转化为四个维度的业绩指标。由于兼顾了战略和战术业绩、短期和长期目标、财务和非财务指标、前瞻和滞后指标、内部和外部指标之间的平衡，所以成为信息时代一种战略管理和业绩评价的工具。

经济增加值又称 EVA，或经济利润，它把企业的目标定位为增加经济利润，并用经济利润的增加作为投资决策的标准和衡量经营业绩的尺度。而经济利润不同于会计利润，其在数值上等于经济收入减去经济成本，其中经济成本不仅包括会计上实际支付的成本，还包括机会成本。

在这一发展阶段，管理会计学者对管理会计的理念、方法进行了补充修正，并吸取了更多相关学科的内容，从而开辟了诸多新的管理会计领域，不仅包括了作业成本管理、质量成本管理，还包括了人力资源和战略管理会计等方面的内容。这些新的管理会计理论与方法相关的形成与应用，极大地丰富了管理会计的职能和内容，使管理会计进入了一个崭新的战略发展阶段，更显著改善和增强了企业对外部环境的反应能力和适应能力。

第四节　管理会计的意义、特点、内容与作用

一、管理会计的意义

管理会计是一门新兴学科，首先，建立在不仅利用财务会计资料，还利用其他有关资料的基础之上，进行相关的整理、计算、对比和分析。其次，不仅需要对于企业未来的经营活动投以重视，还需要在其现在的经营活动方面进行规划与控制。最后，其相关的信息系统，可以说是会计与管理的直接结合。一方面，关于企业管理循环的主要内容，如图 1-2 所示。另一方面，关于管理会计循环的主要内容，如图 1-3 所示。

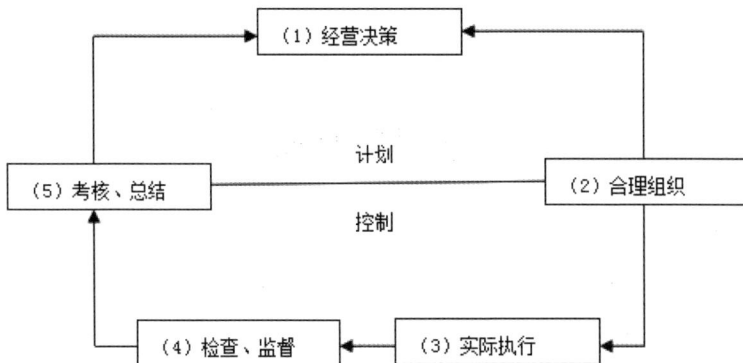

图 1-2 企业管理循环

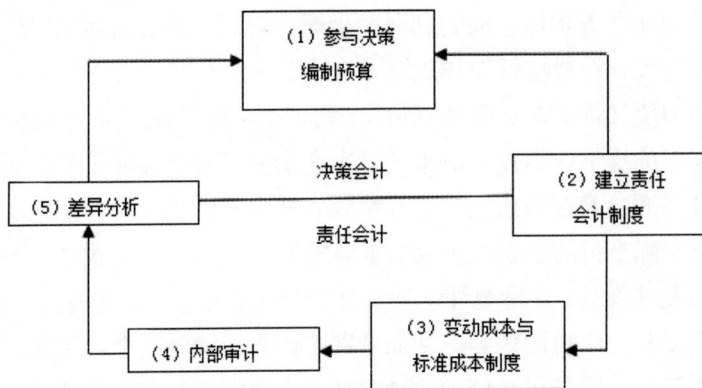

图 1-3 管理会计循环

由以上图示可以得知，对于企业管理循环，其中的每一个环节步骤，在管理会计方面，都有相应的步骤与之对应，其主要内容如下。

（一）决策会计

在企业管理循环之中，属于企业管理循环方面的内容，称为决策会计。在企业管理方面所做出的经营活动，决策会计负责的任务如下所示。

第一，经营决策。决策会计不仅具有参与决策的职能，还需要编制预算。

第二，完成经营目标。建立在企业管理所制定的总目标的基础之上，对其进行划分，由下属各单位负责完成各分项目标。不仅能够合理组织人力、物力和财力，还能够达到充分运用场地和节约时间的目的。决策会计通过建立责任会计的方式，根据各单位的分项目标，在此基础之上进行编制分项预算。

第三，业绩考核。对于过去的业绩进行评价和分析，在此基础之上，找出实际与预算差异成因。一方面，进行经验总结；另一方面，可以成为参考意见，作为今后制定新的经营目标的依据。

（二）责任会计

在企业管理循环之中，属于控制范畴方面的内容，称为责任会计。在企业管理方面所做出的经营活动，责任会计负责的任务如下所示。

第一，实行既定的经营目标和政策方法。在这种情况之下，责任会计所需要采取的相关处理办法，可以利用变动成本法与标准成本制度，在此基础之上，对实际执行情况，进行计量、反映和控制。

第二，对实际执行情况检查监督。在进行该事项的时候，则需要建立在按照责任会计进行考核的基础之上，实施内部审计。

综上所述，在企业管理循环方面，各相关步骤内容直接影响着在管理会计循环之中的各步骤。首先，管理会计所能提供的管理决策，不仅包括了预期经营目标能否完成方面内容，还包括了企业财务和经营状况方面，是否优化的相关决策。其次，管理会计作为一种重要工具，主要作用于企业现代化管理之中，是其重要组成部分。最后，管理会计所能起到的作用，不仅在经营管理方面，能够迅速揭示其中存在的问题，还能够协助企业领导作出正确决策。

二、管理会计的特点

（一）管理会计与财务会计区别

管理会计的特点可以从其与财务会计的比较中表现出来。一般说来，管理会计与财务会计的主要区别，可以概括如下。

①在核算目的方面。管理会计主要为企业所有者、经济利害关系人和企业内部管理人员服务。财务会计主要服务于企业内部人员。

②在核算重点方面。财务会计着重反映过去，提供经济信息。管理会计不仅着重于规划未来，还需要控制现在和评价过去。

③在核算依据方面。我国的财务会计必须建立在遵守会计法、会计准则和财政部规定的统一会计制度的基础之上，西方国家必须遵守公认的会计准则。首先，管理会计只服从管理人员的需要；其次，只需要考虑经济决策理论和数学公式；最后，不必拘泥于会计制度。

④在核算对象方面。财务会计服务对象，主要作用于在整个企业的生产经营活动方面，其相关的全过程。管理会计的核算对象不仅可以是整个企业、责任部门，甚至还可以是责任个人，或者不仅可以是生产经营的全过程，也可以是其中的某一具体步骤。

⑤在核算方法方面。管理会计不仅包括了会计方法、统计方法，还包括了数学方法以及其他有关方法。

⑥在核算程序方面。财务会计核算程序程式化，凭证、账册和报表有规定格式。管理会计核算程序不固定，可自由选择，没有一定格式，可按管理需要自行设计。

⑦在核算要求方面。财务会计要求达到准确。管理会计不要求绝对精确，但是通常要求能够达到近似计算。

⑧在编报时间方面。可以将管理会计划分为定期编制、不定期编制，以便能够实现根据需要随时编制。

⑨在法律效力方面。在财务会计报告方面，若是正式文件，则具有法律效力。在管理会计报告方面，不是正式报告，就不具有法律效力。

（二）管理会计的特点

从上面管理会计与财务会计的比较中，可以将管理会计的特点简要归纳如下。

①侧重于为企业内部的经营管理服务。

②具体内容和专门方法具有多样性和灵活性。

③同时兼顾企业生产经营的全局与局部两个方面。

④侧重于面向未来，预测和决策是主要任务。

⑤数学方法和社会学等行为科学被广泛地运用于管理会计实践。

必须指出，上述区别并不是绝对的。从广泛意义上讲，财务会计同样是为了满足管理的需要；而管理会计，一方面，在投资决策的结果和可行性上，其研究结果作为对外提供的资料的情况，也时有出现；另一方面，在管理会计控制主要方法上，关于标准成本制度也被列入到财务会计的范围之内，并且一直以来都是财务会计重要的组成部分。

综上所述，可以得知管理会计与财务会计两者是密切关联的。首先，它们的原始资料是相同的，都是记录经济业务的原始凭证；其次，原来作为管理会计内部使用的报表如现金流量表等近年来也先后被财务会计列入对外公开发表的范围；最后，财务会计有时还把企业内部管理需要的主要产品的实际成本与标准成本、实际利润与目标利润的对比数列为对外报表的补充资料。

三、管理会计的内容

（一）投资和经营决策

管理会计从预测上来说，根据长期和短期预测资料，可以划分为投资和经营决策。

①在投资决策方面。主要是建立在以货币时间价值的基础之上，进行的评价投资得失，择优而定。

②在经营决策方面。一方面，不仅包括了销售价格决策、生产决策，还包括了成本决策等；另一方面，主要通过利用本量利分析的方法，并且在投资决

策和经营决策的资料的基础之上，制定出企业的目标利润。

（二）编制全面预算和进行各项控制

主要是建立在目标利润的基础之上，对管理会计的内容进行划分。

①在全面预算方面。一般采用变动成本计算法。

②在各项控制方面。可以将其划分为存货控制和成本控制。一方面，存货控制通常情况之下，所采用的计算方法是 ABC 控制法和经济批量法；另一方面，关于成本控制，其采用的计算方法是标准成本制度。以上两个方面，都需要建立在预算和控制资料的基础之上，运用责任会计方法，并且定期进行业绩考评。其内容可用图 1-4 所示。

我们可以得到如下认识：管理会计的基本内容，可以划分为两大方面的主要内容，也就是计划（决策）与控制（考核）。

①在计划（决策）方面。主要是指建立在会计资料和其他有关数据的基础之上，通过运用会计、统计和数学的方法，一方面，能够通过推导来规划未来的经济活动；另一方面，针对企业在进行某项经营和投资活动时，有助于作出正确的预测和决策。

②在控制（考核）方面。首先，主要是指建立在现代化手段的基础之上，对于企业的日常经营活动成果，进行收集和分析评判的过程。其次，确定各个部门的经济责任，在这个过程之中，若是发现其中存在的重要问题，需要立即反馈给有关管理部门，从而，以便能够实现迅速采取有效措施，并且及时加以解决。

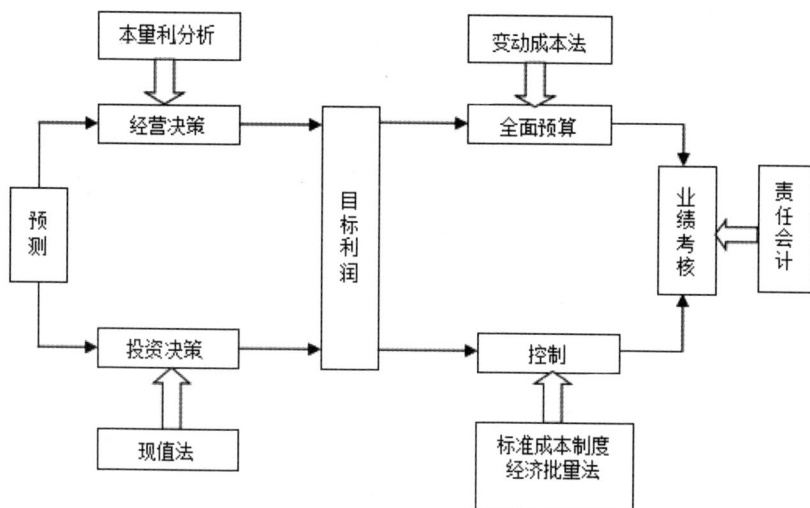

图 1-4 会计管理的基本内容

四、管理会计的作用

管理会计在现代企业管理中的作用，可以说是多方面的，具体归纳起来主要有以下几方面的内容。

（一）预测和决策

为企业管理者献计献策。第一，在投资和经营决策方面的作用，不仅作为企业管理的核心问题，还可以说是管理会计的一大重要内容。第二，在实践的过程之中，无论是为了进行正确的投资决策，还是为了经营决策，作为企业方面，都需要建立在充分调查和科学预测的基础之上。第三，要保证决策正确，首先，关于管理信息，要求必须做到及时和可靠；其次，要有一套科学的信息处理系统。最后，需要建立在企业管理要求的基础之上，采用科学的加工方法，并将它们广泛应用于计划和决策过程，才能发挥应有的作用。

必须说明的是，管理会计参与决策，为企业管理者献计献策不是被动的，而是积极的和能动的，这是管理会计的一大作用。

（二）全面提供管理信息

在企业的生产经营过程之中，不仅具有大量复杂的数量关系，还具有相当多的非数量关系，这种关系之间可能存在着不能使用统一的货币单位计量的情况，从而形成了一种管理信息。不仅具有多种不同性质和功能，还具有互为联系和互为补充的关系。将管理信息及时汇集、科学加工和合理运用，为企业提供综合的全面管理信息是管理会计的又一作用。

（三）考评业绩实行监控

为完成既定目标，首先，在生产经营全过程之中，要求做到严密地观察和控制。其次，将预算数与实际数方面，不仅进行对比分析，还要进行检查考核，从而找出差异并且进行分析得出原因。根据相关指标，要求分解落实到部门甚至个人，并且还需要分清造成差异的责任。一方面，从根本上杜绝良莠不分的局面；另一方面，将责任落实到每一个部门，使之承担相应的责任。最终，不仅实现业绩优秀者有据可奖，还能使业绩较低者有案可罚。

综上所述，其一，企业的经济责任制度可以与企业的经营目标，进行互相联结。其二，可以将个人的收益与业绩挂钩。其三，在企业内部，不仅能够增加各部门的活力，还调动了全体工作人员的积极性，从而为实现预定计划，而不断进行努力。

管理会计的上述三方面的作用，既是现代企业管理对为其服务的管理会计提出的基本要求，又是企业管理的基本职能在管理会计实施过程中的体现。

第五节　管理会计的职能与机构设置

一、西方管理会计部门的组织

在西方国家中，企业一般分为生产部门和服务部门，生产部门主要负责产品的生产和销售活动，而除生产部门以外的部门都称为服务部门，即服务于生产的部门。在服务部门中，通常设有单独的管理会计部门，它的主要工作是编制预算、控制和分析差异、制定价格和各种决策等。

二、我国管理会计部门的组织

新中国成立之初，在一些大中型国有企业设置总会计师负责处理一切会计工作，包括会计管理工作。总会计师是指在单位负责人的领导下，主管经济核算和财务会计工作的负责人。随后我国有关部门又规定在一些企业设置财务总监制度，用以负责财务管理工作。在没有单独设置管理会计部门和专职人员以前，一般由财务会计人员兼做这方面的工作，如销售组负责销售预测、材料组负责存货控制等，由于是兼职便往往顾此失彼。

目前，中国有胆识的企业家已经在企业的会计部门下专设管理会计组织，可见管理会计已愈来愈受到重视。在一些先进的大中型企业中，更把管理会计纳入正常管理机构，直属于总会计师或财务总监领导，配备必要的管理会计人员，从事管理会计工作。随着我国综合国力的增强，尤其在我国加入WTO（World Trade Organization，世界贸易组织）后，世界上许多跨国公司都看好中国市场，纷纷在中国各大城市设立分公司。另外，我国自己组建的诸如中集集团这样的跨国公司也陆续进军海外，在国外设立分公司。

先进的企业管理方法和先进的会计管理方法在这些公司得到大力的推广和应用，并影响和带动着国内其他企业。由此，我们可以预见，管理会计在我国的应用范围，会得到不断扩大。

关于管理会计的职能，主要是指管理会计本身所固有的、内在的功能。从管理会计产生与发展的客观必然性以及内在特征来看，其基本职能可概括为以下五个方面。

（一）预测经济前景

关于预测的概念，首先，主要是指在科学的方法基础之上，通过预计、推测客观事物的处理手段，对其未来发展必然性或可能性进行预测。其次，管理会计充分发挥预测经济前景的职能，主要是指：其一，不仅需要按照企业未来的总目标，还需要建立在其经营方针的基础之上；其二，充分考虑经济规律的作用，还需要对经济条件的约束进行考量，从而，选择合理的量化模型。最后，通过有目的的预计和推测手段，对未来企业决策，在销售、利润、成本，和资金的变动趋势及水平等方面，做到服务于企业经营，并且为其决策提供第一手信息。

（二）参与经济决策

①决策概念。主要是指在考虑各种可能的前提下，按照客观规律的要求，通过一定程序在未来实践中，在方向、目标、原则和方法上，做出决定的过程。

②决策功能。决策一方面是企业经营管理的核心；另一方面还是各级各类管理人员的主要工作。

③决策职能。首先，决策职能不仅存在于企业管理的各个方面，还贯穿于决策工作的整个过程之中。其次，作为管理有机组成部分，管理会计可以确定必然具有决策职能。

④参与决策。关于企业之中的重大决策，这个过程都应该有会计部门参加，有人将其称为参与决策。

管理会计发挥参与经济决策的职能。首先，体现在企业决策目标的基础之上，进行搜集、整理有关信息资料。其次，是通过科学的方法，对其长短期决策方案进行计算，从而得出评价指标，在此之上，做出正确的财务评价。最后，筛选出最优的行动方案。

（三）规划经营目标

管理会计的规划职能，首先，主要是通过编制各种计划和预算，从而得到实现的。其次，需要建立在最终决策方案的基础上，一方面，需要将事先确定的有关经济目标，采用分解的手段进行处理，并且将之分解落实到各有关预算中去；另一方面，合理有效地组织协调，不仅在供、产、销上，还在人、财、物上，从而为控制和责任考核创造条件。关于上述的预测、决策、规划三项职能是管理会计的事前管理职能，随着战略管理会计体系的建立，在对企业生产经营活动的预测、决策、规划过程中，应对影响企业生产经营方面相关的外部环境因素加以重视。这不仅包括了政治形势、社会文化环境，还包括了法律环境和经济环境等方面。

首先，不仅在整个市场的变化趋势方面进行密切关注，还在竞争对手的动向方面加以关注。其次，一方面，关于基本竞争力量，一是进入威胁，二是替代威胁，三是买方讨价还价能力，四是供方讨价还价能力，五是现有竞争对手的竞争，对以上五方面的内容之间的相互作用进行分析；另一方面，通过以上分析，在行业竞争状态和盈利能力方面进行确定，发现企业自身存在的问题，通过调整、改变战略与战术进行整改解决。

在战略管理会计方面，特别关注相对指标的计算和分析，其内容不仅包括了相对价格、相对成本，还包括了相对市场份额等方面。

在传统管理会计方面，对于外部环境因素的关注度，与战略管理会计相比，存在较大差距。

（四）控制经济过程

控制经济过程是管理会计的重要职能之一。对于该职能的发挥需要将两方面有机地结合起来，一是经济过程的事前控制，二是事中控制。具体解释，就是事前建立起科学、可行的各种标准，结合在执行过程中的实际情况，与其计划之间所发生的偏差进行对比，将产生偏差的原因进行分析。最终，能够实现及时采取措施进行调整，并且通过改进工作，来达到经济活动的正常进行。

在战略管理会计体系中，对经济过程的控制同样具有新的内涵，即通过"作业成本计算"以及"作业管理"，区分有效作业与无效作业并消除无效作业，进而推动"企业再造工程"的实施以及企业组织的变革，提高企业的竞争能力。

（五）考核评价经营业绩

在现代管理之中，贯彻落实责任制是企业管理的一项重要任务。管理会计无论是履行考核评价的职能，还是施行经营业绩的职能，都是建立在责任会计制度的基础之上来实现的。具体来说，无论是各部门各单位还是每个人，均清楚各自责任，进行逐级考核，其内容主要是考核责任指标的执行情况，找出成绩和不足。最终，能够为奖惩制度的实施，和未来工作的改进措施，提供必要的依据。

在西方国家，企业内部组织大体上包括生产部门和服务部门两大类。前者也可称为业务部门或直线部门，具有业务权限，是直接负责处理产品（或劳务）

的生产和销售活动的部门；后者也可称为服务部门或参谋部门或辅助部门，具有辅助权限，是支持生产部门工作或是为生产部门服务的部门。

会计机构隶属于服务部门。构成现代企业会计两大分支的管理会计和财务会计各自有专职的会计人员，

以上两个部门并行管理，同属于总会计师的领导管理之下，会计人员的主要工作，建立在企业的经济实力及未来发展方向的基础之上。其一，在经营目标和实施方案上，利用预测决策，编制预算等方法。其二，在经营活动方面，采用的是全方位、全过程处理方法，进行价值控制。其三，综合组织成本核算管理和考核评价两方面的经营业绩进行分析，从而为加强企业内部管理献计献策。

综上所述，管理会计工作存在于企业中的各个方面，既为企业总体管理服务，又属于整个企业管理系统之中，并且作为重要的有机组成部分，可以说，其处在价值管理的核心地位。

不同的企业实施管理会计的方法各不相同，对管理会计的重视程度也存在差异。有些企业中，可能很难将管理会计从整体会计功能中清晰地划分出来。但通过管理会计报告的信息来源便可以判断一个企业是否单独设置管理会计部门。企业内非会计部门的经理们，是考察管理会计部门是否提供有助于有效经营企业的信息，以及管理会计部门是否和企业其他部门相协调的最佳人选。管理会计部门所需的大多数原始数据就是由这些经理们提供的，反过来他们又是使用管理会计报告和信息的人。

对非营利组织或国有企业来说，管理会计也同样重要。在大中型企业的财务部门，一般都设有预算管理与绩效考评岗位专职负责企业全面预算的编制准备、执行情况，统计汇总以及与人力资源管理部门协同开展绩效考评工作。对于企业未来生产经营活动的预测、决策以及日常控制工作，目前一般由财务、会计人员兼做，尚未发现专设预测、决策、控制工作岗位和人员的企业。势必会对管理会计工作的顺利开展产生不利影响。

随着时代的不断发展，改革的不断深入，首先，社会主义市场经济体制已经得到逐步确立，还有现代企业制度的建立，我国大中型企业通常都具备了总会计师编制。其次，关于近年来企业财务会计，在其工作方面与国际惯例接轨后，可以说是简化了日常财务会计的核算工作，使相关的会计人员，留出时间和精力，应用于内部管理，并且钻研管理会计业务。最后，在我国企业之中，设立专门的管理会计机构，不仅是十分必要的，而且也是完全可能的。

第六节　管理会计人员的职业道德与职业教育

一、管理会计职业化

关于管理会计职业化，不仅是影响管理会计发展，还是影响其应用的一个重要因素。当前从一些西方国家的角度上来看，管理会计职业化发展程度已日趋完善。其中的一个主要标志为具有专门的职业组织和执业资格认证考试。

（一）美国管理会计发展概况

美国管理会计师协会成立于 1919 年，前身为美国成本会计师协会。该机构从 1986 年起开始颁布管理会计公告，并且主办《战略财务》和《管理会计季刊》，组织美国注册管理会计师和财务管理师认证考试并授予证书。

在当前国际上，关于美国管理会计师协会，首先，不仅作为美国反虚假财务报告委员会下属的发起人委员会的创始成员，还作为在国际会计师联合会中的主要成员。其次，不仅在管理会计领域，还在风险管理等领域中，均处在全球前沿行列。最后，1972 年，由美国管理会计师协会作为主办单位，举行了全美第一届执业管理会计师的资格考试，并成为管理会计界的一项权威资格认证考试。取得美国注册管理会计师执业资格必须通过四方面考试，具体范围如下。

首先，在经济、财务及管理方面，其主要内容不仅包括了微观经济学、宏观经济学，还包括了国际商务、国内组织环境等方面的内容。

其次，在财务会计和报告方面，其主要内容不仅包括会计准则的发展，还包括了报表编制的有关问题等方面的内容。

再次，在管理分析与报告方面，其主要内容涉及成本管理、计划、控制，还包括了业绩表现评估、管理行为方面的内容。

最后，在决策分析和信息系统方面，其主要内容包括决策理论与运营分析。

关于考试内容综合来说，一方面，以基础知识、实用知识为主；另一方面，不仅知识覆盖面很广，还比较注重实用性和可操作性。

（二）我国管理会计发展概况

2007 年，美国管理会计师协会进入中国市场。在此之后，中国管理会计师行业，开始迅速发展。

在当前中国市场上，IMA（The Institute of Management Accountants，美国

管理会计师协会）也成为一种高端平台，不仅作用于凝聚国内财务高管，还在其之内聚集着企业决策制定者。

中国的 IMA 会员已经遍布在工商界、学术界、政府部门，还存在于各类非营利机构内部。关于这些财务专业人士所具有的优秀素质有：其一，先进的财务理念；其二，出色的战略思维；其三，卓越的管理能力；其四，严格的道德准则。为我国的企业和机构不断注入新的活力，并且推动整体绩效的提升。

在 CMA(Certified Management Accountant,美国注册管理会计师)考试方面，在我国也不断地发展着，并且在认可度上，也逐渐得到提高。首先，2010 年，由我国的中国总会计师协会为主体进行发布，主要是关于 CMA 学习培训的红头文件。其次，同时设立了 CMA 认证项目培训方面的管理协调办公室，并且在全国各地方会员单位之中，进行选拔优秀职员的活动，选出参加 CMA 培训的人员。

二、管理会计师职业道德

管理会计师作为一项具有特殊性的职业，其所要求的职业道德是非常严格的，由于其本身存在的义务，不仅对自己、职业，还是对公众，都需要保持最高的道德行为准则。目前，在我国还没有专门的管理会计师，也没有这样的协会组织，这种情况有理由相信是暂时的，随着时代的发展，并且随着我国管理会计的不断发展，一定会有专门的管理会计师。下面会在美国管理会计师职业道德标准，在遇到与职业道德发生矛盾时的解决措施方面进行介绍，目的是用以指导我国会计人员的工作。首先，在企业管理中，关于我国会计人员所能起到的作用，可以使之得到更好的发挥。其次，经过不断地在实践中探索，找到适应我国要求的管理会计师。最后，在我国专业管理会计师行业方面，不仅可以推动其进步，也为其发展提供一些指导。

（一）管理会计人员的作用

第一，管理会计人员在经营活动中所扮演的角色，通常情况之下，是不同于财务会计人员的。他们所进行的工作是，建立在财务会计对经济业务处理的基础之上所形成的资料和信息，对于企业中重要的经济业务活动，根据其内容进行相关分析，从而进行决策控制和评价等。

第二，管理会计人员的工作并不是局限在会计部门之中的。首先，他们不仅利用自己的专业经验，还利用自身的专业技能和分析能力。其次，在团队中他们不仅扮演着领导者、组织者，还可能扮演着顾问、规划等方面的角色，甚至是相关方面的专家角色。最后，能够促使各部门人员协调工作，不仅保证决策正确，还能使其控制过程有效。

第三，在信息时代不断发展的背景之下，管理会计人员逐渐由在管理系统专业信息方面相关信息支持人员，经过发展转变为决策者。在这个过程之中，要求管理会计人员能够不断提升素质，不仅包括了对制造过程、核心技术的了解，还包括了对于竞争对手及供应链等信息，进行综合处理分析，从而制定正确的战略计划，并且能够作用于内部管理者，为其提供相关的决策信息。

经济环境不断发生着日新月异的变化，对管理会计工作人员的要求有以下几点。首先，不仅使用战略性方法，还要使用批判性方法，通过利用这两种方法进行决策。其次，对于相关工作人员，还要求具备很强的研究技能。一是财务会计报告中的内容主要是建立在会计准则、审计准则等方面的规定之上，从而进行反映的。二是相关指南随着经济的发展，是不断地被修订的。由于以上原因对于管理会计人员的要求，主要反映在运用相关信息的同时，还具备很强的研究技能。三是对于相关指南和环境信息要进行有效的解读，以便能够实现对信息更好地理解和运用。

（二）美国管理会计师的职业道德标准

管理会计作为会计的一个分支，所能起到的作用和地位都是不可忽视的。为了使管理会计作用有效发挥，并且使其地位的重要性得到充分的体现，在管理会计人员之中，职业道德方面的建设，是非常重要及不可或缺的，并且具有重要的意义。管理会计人员在为企业管理者提供经营决策信息实现企业价值最大化的同时，必须遵守法律和职业道德规范。虽然我国目前还没有专职的管理会计师，但探讨及学习国外的管理会计师行为准则对我国的管理会计人员相关的职业道德方面的建设，具有很好的借鉴意义。

管理会计师所具有的职责是为了帮助企业经理们实现利润最大化的目标，在履行其职责时必须遵循职业道德规范。美国全国会计师协会曾于 1982 年颁布《管理会计师职业道德标准》，遵循这些标准是实现管理会计目标的必要条件。这些职业道德标准包括以下内容。

1. 专业技能

首先，可以通过平时不断自学或参加培训的方法，来对于自身的职业技能和水平进行提升。其次，关于管理会计师的行为，不仅需要建立在符合国家的相关法律和规定的基础之上，还需要满足自身所在的岗位要求。最后，在管理会计师的工作过程中获得的资料或者是信息，均需要建立在科学、合理分析的基础之上，从而实现有条理且完整的报告呈现。

2. 保密性

首先，从管理会计师的角度出发，若是没有接收到来自某人或者组织的授权，那么其所获得的一切机密的信息，均没有对外泄露的权利。事无绝对，那就是在法律方面上，对于管理会计师的责任和要求，则游离在该规定之外。

其次，关于管理会计师的保密工作，一方面，包含在该规定之内的人员，不仅包括了其本人，还包括了其下属的工作人员，均要在资料或者信息方面做好相关保密工作；另一方面，还要对其下属行为进行监督。

最后，作为管理会计师，在其工作过程之中，不仅会接触到机密文件，还有可能获得机密资料。其本人或者第三者，不管是在法律法规之中，还是在企业内部规定之中；不管是利用身份的便利获取机密资料，还是获取利益，都是严令禁止的。

3. 正直性

①要避免因为利益所导致发生的矛盾或冲突。其一，告诫事项有关各方，不仅要避免任何潜在的冲突，还需要将各种潜在的冲突进行监督。其二，处理在冲突发生之前，这种情况为最优选项。

②管理会计师，对于一切有可能会影响到其进行正当履职的活动，均禁止参加。

③管理会计师应拒绝收受任何影响其行为的馈赠、赠品和宴请。

④严禁主动或被动地破坏企业组织的合法性和道德目标的实现。

⑤禁止交流或传达有碍于正确作出职业判断的和顺利完成工作的某些专业性限制或其他约束条件。

⑥禁止交流或者传达一些不管是有利的，还是一些不利的信息，禁止交流其职业判断或意见。

⑦管理会计师从事或支持的活动，对于职业团体活动存在不利影响，是严令禁止的。

4. 客观性

①公允而客观地交流信息。

②公允地披露信息，帮助报表使用者对各项报告、评论及建议获得正确的了解。

（三）职业道德冲突的解决

在应用职业道德各项行为准则时，管理会计师常常会面临确认非道德行为以及违反道德的问题处理。如遇到严重的职业道德问题，管理会计师应当遵循专业组织制定的有关政策，若这些政策不能解决特定的职业道德问题，管理会计师应采取下列措施。

第一，管理会计师若是发生与职业道德相矛盾性的问题，首先应该做的就是应和自己的直接主管坦诚地交流和讨论。如果直接主管卷入该道德冲突，则应将问题提交给高一级主管，甚至在有需要的情况下，可以直接到最高管理层那里获得帮助或取得最终的答案，如果直接主管是最高级主管（如总经理），则应将问题提交给审计委员会、执行委员会、董事会、理事会或业主等机构方面进行讨论，从而提出解决意见。

第二，为了解决与职业道德相矛盾的问题，作为一名管理会计师，可以通过讨论的方式，与那些比较公正的顾问进行交流，在此过程之中，必须说清楚所有的事项。一方面，有利于对探讨的事件始末，得到明确的了解；另一方面，也有利于找到解决的措施。

第三，管理会计师在遇到与职业道德方面相矛盾的重大问题时，尽管在做到了自己的最大努力后，仍然无法解决道德冲突，只能向组织提出辞职，并向接替自己工作的人员提交其信息备忘录，办理工作交接手续。

三、管理会计人员职业教育

（一）管理会计师知识体系

管理会计师应具备的知识体系和职业资格认证。1986年，美国会计师联合会所属的管理会计实务委员会曾颁布了有关管理会计师共同知识体系的公告。该公告将管理会计师应具备的知识体系分为三部分信息和决策过程知识。

1.管理决策过程

①管理决策过程,包括重复性决策程序、非规划性决策程序、战略决策程序。
②内部报告,包括信息的收集、组织、表达和传递。
③财务计划的编制和业绩评价,包括预测和预算的编制、分析和评价。

2. 会计原则和职能知识

①组织结构与管理，包括会计职能的结构和管理、内部控制、内部审计。

②会计概念和原则，包括会计的本质和目标、会计实务。

3. 企业经营活动知识

①企业的主要经营活动，包括财务和投资、项目研究及开发、生产和经营、销售和人力资源。

②经营环境，包括法律环境、经济环境、道德和社会环境。

③税务，包括税收政策、税收的结构和种类、税收计划。

④外部报告，包括报告准则、满足信息使用者需要。

⑤信息系统，包括系统分析和设计、数据库管理、软件应用、技术基础知识和系统分析等。

从美国管理会计实务委员会的上述要求可以看出，它对目前的管理会计人员仍然具有参考价值。由于社会经济的发展，对管理会计需求的日益增加，所以注册管理会计师也逐渐发展起来。注册管理会计师与注册会计师，作为两种职业，属于内部会计师。美国注册管理会计师协会的前身是美国会计师联合会。所属的管理会计实务委员会，负责注册管理会计师的职业认证和行业监管。IMA 成立于 1919 年，总部设在美国新泽西州，是一家全球领先的国际管理会计师组织，拥有遍布全球 265 个分会的超过 70000 名会员，一直致力于支持企业内部的财会专业人士推动企业的整体绩效及表现。

（二）管理会计人员的职业教育

1. 职业道德存在的问题

我国的管理会计发展相对于西方国家较落后，管理会计人员，不仅在知识结构层面，还包括职业道德知识体系方面，均落后于财务会计人员。在目前发展阶段，我国管理会计人员容易出现以下职业道德问题。

①业务水平普遍较低。

②易受不同层次从业人员利诱威逼，弄虚作假现象时有发生。

③为图个人安逸，懒散做事。

为了实现这一局面的改变，对于管理会计人员职业道德方面加强教育就显得十分重要。这样能起到的作用是，可以使管理会计人员能够及时了解国家各项法律法规，包括财经法规、方针、政策方面内容。强化法律意识提高自身修养，可以培养他们成为实事求是、办事高效的高素质人才。

2. 加强管理会计人员职业道德教育

依据目前在整体会计行业职业道德建设方面所采取的措施，并且针对管理会计行业自身所具有的特点，提出以下几个方面的建议。

首先，在职业道德教育方面，不仅加强管理会计在校生，还要加强社会学生的教育。关于会计职业道德的教育，最重要的一环就是应该从初学阶段抓起，可以起到事半功倍的效果。

其次，在管理会计人员职业道德方面，需要完善其后续教育，目前现状上来说，虽然财政部会计司关于会计人员后续教育有规定，但是后续教育的多种形式易造成会计人员不需做到真正再教育就蒙混过关的现象，所以完善管理会计人员的职业道德后续教育具有重要意义。

再次，加强对单位会计负责人的职业道德教育。管理会计人员所属的公司上司的职业道德水平高低，直接影响着管理会计人员，不仅表现在其对于上司的效仿行为，还表现在上司对于下级的管理与安排工作任务方面。综上所述，为了达到培养管理会计人员良好的职业道德的目的，还必须要加强单位会计负责人的职业道德教育水平，两者具有密不可分的关系。

最后，改进管理会计现有的考核方式。借鉴西方国家的经验，为管理会计设立专门的职业化组织和专业化考试，培养更具有专业性的全面管理会计人才。

（三）管理会计职业资格考试

1. 注册管理会计师资格考试内容

注册管理会计师资格的相关考试内容，主要有四个方面。第一，包括了经济学、财务、金融和管理。第二，包括了财务会计与报告。第三，包括了管理报告、分析和行为学。第四，决策分析和信息系统方面。

2. CMA 资格

在美国，应试者通过了注册管理会计师资格考试中的全部科目后，为了能够获得 CMA 资格，需要满足以下条件。

①美国 IMA 会员。

②大学学历。

③符合工作经历要求。

④遵守道德规范准则。

首先，需要符合工作经历的要求，主要是指 CMA 候选人必须有连续 4 年在管理会计专业工作的经历。

其次，在工作经历的计算方面，主要是以通过考试为基准，以考试时间为基点，在此之前或者是之后的 7 年，在此期间之内达到所规定的要求。

最后，在专业工作经历方面，基本上要求全职工作，还有另外一种计算方法，那就是每周超过 20 小时的连续兼职，将兼职经历进行折算，可以将 2 年折算为 1 年。

3. 保持 CMA 资格要求

在取得 CMA 资格之后，若是想要保持资格，必须达到三方面要求。首先，达到持续进修的要求。其次，遵守道德规范准则。最后，保持 IMA 会员的资格。

在管理领域中，注册管理会计师的地位日益提高，受到社会的日益重视。并且根据美国 IMA 的相关调查，可以得知美国 CMA 的平均年薪，与无该证书者进行比较，高出 15000 美元。

从 2010 年 5 月 1 日起生效的新考试制度将 4 个科目调整合并为 2 个科目，考试内容也进行了一些调整，但总体变化不大。

4. CIMA 职业资格框架

随着中国经济的发展和对外开放程度的加深，中国现在缺的不是报账型的会计，而是能够应对国际资本市场千变万化的理财之道的会计。面对瞬息万变的资本市场，我们更紧缺的是高级的管理会计人才。为了更好地服务于中国的企业及财会专业人士，IMA 在 2007 年对其在线课件、在线习题、CMA 考试试题及教材进行了中文本地化改造。此举措使得中国区会员可以在无语言障碍的情况下展示出真实的知识和技能水平，为中国区会员获得 CMA 认证铺平了道路。特别是在 2009 年 11 月 18 日，中国国家外国专家局培训中心与美国管理会计师协会在北京联合举办注册管理会计师项目合作签约仪式暨新闻发布会。按照此协议，国家外国专家局培训中心从即日起作为美国管理会计师协会的 CMA 中文版在华总代理，在中国市场全面推广管理会计师资质证书项目。这意味着中国正式将这套先进的知识体系引进国内，为中国培养大量的高级管理会计人才提供了有利条件。

CMA 在中国的影响力也在不断发展。近年来，IMA 与中国财政部会计司、中国注册会计师协会、中国顶尖学府合作，在中国推广 CMA。目前，在中国的会员数已超过 7000 名，中国大陆已有超过 2000 人获得了 CMA 认证，其中绝大多数都在著名跨国公司担任财务总监和高级财务经理的职务，但非常遗憾的是，符合企业要求的管理会计人才总体上在当代中国还极度匮乏。

从全球范围看，在管理会计职业界，与美国 IMA 齐名的是英国皇家特许管理会计师公会。CIMA（The Chartered Institute of Management Accountants，特许管理会计师公会）成立于 1919 年，是世界上最大的管理会计师认证、管理和监督的机构，属非营利性组织，拥有 21.8 万会员和学员，遍布 177 个国家和地区。CIMA 管理会计职业资格认证体系享有百年盛誉，以知识结构严谨、所学内容实用、融汇财务与战略而著称。CIMA 所培养的会员与学员活跃于工商业界、政府部门以及各类非营利性机构。CIMA 职业资格框架包括四个进阶式阶段共 17 门科目的内容。

①基础级 5 门。管理会计基础、财务会计基础、商业数学基础、商业经济基础、商业法基础，通过 5 门考试者授予"企业会计证书"。

②运营级 4 门。组织管理、管理会计、财务报告与税务、运营案例分析，通过 4 门考试者授予"管理会计文凭"。

③管理级 4 门。项目与关系管理、高级管理会计、高级财务报告、管理案例分析，通过 4 门考试者授予"管理会计高级文凭"。

④战略级 4 门。战略管理、风险管理、财务战略、战略案例分析，通过 4 门考试者并提供 3 年的相关工作经验，可申请 CIMA 会员资格。成功申请 CIMA 会员资格后，将被同时授予英国皇家特许管理会计师（ACMA 或 FCMA，前者为普通会员，后者为资深会员）和全球特许管理会计师（CGMA）资格。

第二章　管理会计的历史沿革与发展方向

自 20 世纪起，现代会计发展到今天可以分为财务会计与管理会计两大领域。本章立足于现代会计发展历程，从会计起源与 20 世纪管理会计的发展历程、21 世纪管理会计的发展方向和管理会计理论体系在我国的发展与展望三个层面梳理管理会计的发展情况，并分析未来的发展趋势。

第一节　会计起源与 20 世纪管理会计的发展历程

一、早期会计就是管理会计

会计产生的目的是为组织机构的经营和管理提供服务，早期的会计不是独立部分，而是生产职能的附属品。早期的经营管理职能和生产职能是一体的，会计为经营管理提供服务的作用不被重视。从现代的观点看，管理会计的作用是服务于企业集团的经营和管理，这一点与早期会计的作用相同。因此，早期会计就是管理会计。

现代观点认为管理会计是财务会计的一部分，是从财务会计中分化而来的，但从会计的历史中可以发现管理会计早已产生，早期会计即为管理会计。会计核算，也就是记账和算账，是财务会计中的重要部分。它的作用是为企业的经营和管理提供服务。包括总账与明细账的平行登记、账证、账表以及表与表的核对等内容的复式簿记被视为是财务会计的重要特点，它的本质实际上是企业内部控制制度，而不是单纯的记账方法。复式簿记的作用同样是为企业的经营和管理提供服务。

因此，现代会计中只有报账能够体现出财务会计的本质特征，记账和算账都属于管理会计，财务报表仅仅是填写核算结果的表格。财务会计也可以被视为广义的管理会计，能够为企业领导和企业的经营管理提供服务，为其提供概况性的资料。

二、会计学科的"同源分流"

从历史角度看，会计学科处于不断的发展之中。今天，我们以一种新的视角来考察会计学科的发展轨迹，可以看到会计学科的发展与现代公司制度和金融市场密切相关。

（一）现代公司制度与金融市场的共生互动性

从事物发展的客观逻辑来看，独资企业的产生时间最早，合伙企业在它产生之后产生。经济发展后，市场和产品的需求量逐渐扩大，独资企业和合伙企业的生产也随之扩大。企业扩大生产规模需要更多的资金，业主和合伙人的投资难以满足扩大生产规模的资本需求。在这种情况下，企业经营得越好，越需要扩大生产规模，资本越短缺。

信用状况良好的企业在扩大生产规模需要更多的资本投资时可以向银行申请贷款获得资金。如果在之后的偿款期内，企业财务状况良好、偿债能力较强，向银行贷款自然比较顺利。但是，如果企业发展不景气，经营状况差，出现亏损的情况，银行贷款将成为企业的财务负担，甚至使企业经营更加困难。所以，面临这种情况银行和企业都会相当谨慎，不会贸然放贷、借贷使企业陷入高风险的债务之中。那么企业需要采用更安全的方式获得资金，也就是与更多的人共同分担资金投入。因此，股份有限公司特别是上市公司（以下简称"公司"）这种企业组织形式便应运而生。

企业组织形式由最初的独资企业的组织形式发展出合伙企业的组织形式，又由这两种组织形式发展出公司这一组织形式。这一发展历程历经了很长时间，是在多种原因和背景因素下促成的。其中一条重要原因就是企业需要更多的资本满足扩大生产规模的需求，为解决获得资本的问题，企业组织形式不断发展演变。

金融市场，即资金融通的场所。完整成熟的金融市场是由主体、客体和参与者三部分共同组成的金融体系。其中主体是指金融机构；客体是指金融工具；参与者是指资本的需求者和供应者。金融市场的参与者主要是现代公司。金融市场的发展状况与公司的发展和参与状况密切联系。企业发展顺利，积极参与资金融通，能够促进金融市场的发展。

企业组织形式的发展演变与金融市场密切联系。现代公司制度完全是由金融市场催生的，特别是现代公司制度的形成、发展和完善，与金融市场的建立和发展相辅相成。

（二）现代公司制度、金融市场与会计学发展的共生互动性

市场经济环境下，市场的主体是企业。现代公司制度最能够体现市场经济的本质特征。现代会计学科是在现代公司制度下产生的，金融市场和现代公司制度一同促成了会计学科的产生和发展。

这种促成作用体现在以下四个方面。

第一，金融市场的产生和现代公司制度的建立使企业的所有权和企业的经营权分离开来，会计理论和会计方法受其影响发生了变化。由于企业的所有权和企业的经营权发生分离，企业所有者和企业经营者需要掌握不同的信息，于是会计学科出现"同源分流"现象，现代会计学科分化为管理会计和财务会计两个领域。这两个领域相互独立，会计学科的内容变得更加丰富，并且发展进入更高的层次。

第二，随着金融市场的产生和现代公司制度的建立，会计在社会经济中的地位也随之改变。这种变化主要体现在以下几个方面。

①会计成为一项特殊的社会服务行业。在金融市场和现代公司制度建立前，会计只为企业的业主或者经理服务，发挥反映和控制的作用。金融市场和现代公司制度建立后，会计保留了这个职能并且对这个职能进行了加强。注册会计师和注册会计师事务所从企业中独立出来，成了不受企业支配的部分。注册会计师在社会经济生活中具有独立地位，注册会计师行业就成为一种特殊的社会服务行业。

②会计服务对象的范围有所扩大。早期会计是在企业内部为企业的经营和管理提供财务信息。随着金融市场的产生和现代公司制度的建立，会计既是企业的决策支持系统，又是经济生活中的特殊社会服务行业。作为特殊的社会服务行业，会计的作用与中介机构类似，它能够为任何一家企业提供其所需要的服务。这些服务包括查账、为企业自身会计制度的建立提供指导和帮助，为企业提供管理咨询服务。

③会计的内容有所扩展。金融市场的产生和现代公司制度建立前，企业中会计的主体内容是簿记，也就是记账和算账。编制企业的财务报表不被包括在会计内容的主要范围内。金融市场产生和现代公司制度建立后，公司为了使投资者、债权人等信息使用者更加信服公司编制的财务报表，需要将会计编制完成的公司的财务报表通过交由注册会计师审核的方式接受外部监督。这种外部监督的方式能够使公司的财务报表更具公信力。会计的内容由原有的记账、算账扩展为报账和查账。

因此，受到金融市场的产生和现代公司制度的建立以及金融市场和现代公司制度之间的共生互动性的影响，会计学科随之发展变化。

第三，随着金融市场的产生和现代公司制度的建立，会计要为更多的信息使用者提供信息。由于这些信息使用者对会计提供的信息有不同的需求，会计需要根据这些需求提供相应的信息，"公认会计准则"在此背景下应运而生。这一准则的产生加快了财务会计规范化发展，使财务会计的发展进程向前迈进了一步。管理会计仍然随着现代企业内部组织结构的变化而不断发展。

第四，会计国际化趋势更加明显。会计国际化趋势明显是受到了金融市场和现代公司制度的影响。金融市场和现代公司制度不断发展和完善，金融市场正朝着全球化、国际化的方向发展，跨国公司大量涌现，会计学科也在朝着国际化的目标迈进。会计学科中的"独立会计"的作用和地位日益凸显出来。金融工具在国际金融市场上大肆流行给会计学科带来了挑战，同时也促使会计学科要不断地发展完善自己。当然，通过提供有用性决策信息，会计学科能够使社会资源配置更加科学合理。科学合理的社会资源配置能够反作用于金融市场和现代公司制度，能够使之发展得更加繁荣。

除上述几个方面外，会计学科可研究的课题范围随着金融市场的产生和现代公司制度的建立有了相应的扩大。如现代公司制度建立后财务会计会发生哪些变革、管理会计的实地或案例研究等都源于此。会计学科的这些研究也促进了金融市场和现代公司制度的发展与完善。

现代公司制度、金融市场与会计学科发展之间存在着共生互动性。这种共生互动性是会计学科发展的基本动因。它有助于从一个侧面认识现代会计学科两大相对独立领域及其各自发展趋势。

（三）现代公司制度和金融市场的产生与发展导致会计学科的"同源分流"

现代公司制度、金融市场与会计具有共生互动性。在未建立起完善的金融市场时，企业组织形式主要是独资企业和合伙企业。会计也就只有管理会计。然而，基于金融市场和现代公司制度的产生和发展，企业的所有权和企业的经营权互相分离，企业的所有者和企业的经营者需要掌握不同的信息，会计学科出现了"同源分流"的现象，分离出了财务会计和管理会计两个独立领域。

财务会计具有社会化的特征。财务会计的服务对象主要是市场，通过定期地提供财务报表和其他财务报告，为与企业存在经济利益关系的各界人士，即利益相关者服务。随着金融市场的产生和现代公司制度的建立，会计要为更多的信息使用者提供信息。财务会计根据信息使用者对信息的不同需求，收集相关信息进行分析和研究，通过编制财务报表的形式向不同的信息使用者提供其所需要的信息。在这种背景下，会计观念的核心是财务报表，于是产生了"财务会计"这个概念。

财务会计需要通过财务报表的方式向利益相关者提供有关信息，但他们不直接参与到企业实际的经营和管理活动中，他们只能通过财务报表上反映出来的信息了解企业的经营管理情况。为使其能够掌握准确的信息，了解企业的经营情况，财务会计在编制财务报表时要做到客观公正，使财务报表提供的信息具有真实性。因此，财务会计在处理账务和编制财务报表时要遵循相关会计管理规定和行业准则。

管理会计与财务会计不同，管理会计主要是面向企业，要为企业的经营管理提供服务，也就是为负责企业经营管理的管理者提供有效信息，帮助其作出有益于企业发展的决策。财务会计的会计观念核心是财务报表，管理会计的会计观念核心则是经营管理。财务会计具有明显的社会化倾向，管理会计则具有明显的企业化倾向。

在金融市场产生和现代企业制度建立的背景下，会计打破为企业经营和管理提供服务的局限，分化出社会化倾向明显的财务会计和同先前一样为企业的经营和管理提供服务的管理会计。财务会计和管理会计发展至今已经成为现代会计中的两个独立领域。

"再确认"阶段是指根据会计准则对外编制财务报表的阶段。在"再确认"阶段，管理会计与财务会计明显地产生"分流"。在"再确认"阶段之前，财务会计和管理会计在工作时使用同样的原始材料。在原始材料相同的基础上，财务会计和管理会计根据不同的信息使用者对信息的不同要求，将原始材料分析、处理后提供给信息使用者。有时会出现财务会计的服务对象和管理会计的服务对象交叉的情况。这是由于管理会计主要是为企业内部经营管理服务，它也可以为企业外部利益相关者服务。同样地，虽然财务会计主要向利益相关者提供信息和服务，但也可以服务于企业的经营和管理。

三、20 世纪管理会计的发展历程

早期会计就是管理会计。但是，随着金融市场的发展和现代公司制度的建立，会计学科出现了"同源分流"，分化为财务会计和管理会计。管理会计在 20 世纪的发展可以分为追求效率的时代、追求效益的时代、反思时代和过渡时

期四个阶段。

（一）追求效率的时代

这是指管理会计在 20 世纪初到 20 世纪 50 年代的发展阶段。

泰勒是西方管理理论中古典学派的代表人物，他于 1911 年发表了《科学管理原理》一书。20 世纪管理会计的发展由此开始。《科学管理原理》发表后，泰勒的学说被西方企业管理者广泛采纳。在实际工作中，如何使管理会计更好地发挥其职能，使之更好地服务于促进企业生产，成了重要议题。因此，管理会计吸纳了泰勒理论中的"标准成本""预算控制"和"差异分析"等技术方法。

此时，会计学术界着手研究有关管理会计的问题。哈里森自 1918 年开始研究标准成本，在《有助于生产的成本会计》和《成本会计的科学基础》等著作中发表了研究成果。

20 世纪 20 年代，标准成本的发展十分普遍。1919 年美国成本会计师协会正式成立，它的成立使标准成本计算的发展进程向前迈进了一步。该组织于 1957 年将名称改为了"美国会计师协会"，1920 年，美国芝加哥大学率先开设了关于管理会计的专题讲座，讲座的主持人是美国管理会计创始人麦金西。1921 年，《预算与会计法案》在美国颁布，《预算与会计法案》在很大程度上影响了私营企业的预算控制。1922 年，麦金西发表了《预算控制论》，这是美国第一部系统论述预算控制的著作。在这一年，奎因斯坦首次在著作《管理会计：财务管理入门》中提出"管理会计"的概念。1924 年，麦金西的《管理会计》和布利斯的《通过会计进行经营管理》相继发表。《管理会计》是世界上第一部与"管理会计"同名的著作。《通过会计进行经营管理》是介绍布利斯在管理会计方面的研究成果的著作。1930 年，哈里森出版了其著作《标准成本》，书中介绍了他研究标准成本计算取得的成果。这些关于管理会计的著作使管理会计在理论方面得到了完善。

但是，在以后很长的阶段中，管理会计由于受到社会经济环境的影响而没能取得大的发展。管理会计尚未形成科学的、完善的学科体系，仅仅是试着在会计工作中结合一些泰勒的管理思想。在这个阶段创立新学科的准备条件尚不充分，当时只具备会计学科的新的发展因素，但相邻学科、理论基础和实践基础尚不具备。

管理会计的内容主要有三项，分别是标准成本、差异分析和预算控制。在企业已经制订好发展方向和发展战略的基础上，管理会计需要解决如何使企业高效生产、如何获得更大的经济效益的问题。通过对比投入和产出可以发现生产效率和经济效益的高低。把标准成本和差异分析纳入会计体系，通过严密的事先计算与事后分析，促进企业用较少的材、工、费生产出较多的产品，从而达到投入更少的生产成本获得更高的经济效益的目的。

因此，在泰勒科学管理思想基础上建立起来的管理会计，能够使企业生产更加高效，同时获得更高的经济效益。但是，一些问题是管理会计不能解决的，如管理会计不能管理整个企业，不能反映企业同外部的关系。

这一阶段的管理会计正处在发展的初级阶段和追求效率的阶段，只能解决局部性、执行性的问题。

（二）追求效益的时代

这是指管理会计在 20 世纪 50 年代到 20 世纪 80 年代的发展阶段。

虽然在 1911 年泰勒发表《科学管理原理》时管理会计就已经开始了其发展历程，但是管理会计真正的发展是在 20 世纪 50 年代现代管理科学快速发展之后开始的。

西方国家在 20 世纪 50 年代进入战后期。在这一时期，西方国家的经济发展呈现出一些新的特点：一是科学技术发展迅速并大量应用于社会生产领域，使社会生产效率大幅度提高；二是西方国家的很多企业发展成为跨国公司，生产规模扩大，生产经营要面对更加复杂的问题，市场扩大且复杂，企业之间的竞争更加激烈。

这些新的特点和变化给企业的经营和管理带来了新的挑战，即要全面实行现代化的企业管理。面对这些新的挑战，基于泰勒科学管理思想的管理会计不足以解决这些新出现的问题。

泰勒的科学管理思想主要是管理生产过程，为在最大程度上提高生产效率而对生产过程中一些生产环节实行标准化要求，但对企业管理全局、企业与外部的关系则很少考虑。这种思想不适合战后期西方国家的经济发展情况。在战后期的经济发展形势下，企业制订的发展战略、发展方针和关乎发展的重要决策对企业的生产经营有很大影响。此外，企业的发展目标要符合当时社会经济发展趋势。如果企业制订了与自身发展不相符的发展战略、发展方针和发展目标，那么生产高效率也不能弥补这些方面的错误。这些方面的错误对企业的影响是致命的，可能使企业一蹶不振。因此，企业要将重点放在制订正确的发展战略、发展目标上，而不仅仅是提高生产效率。

泰勒的科学管理思想存在一定的弊端，不能满足战后期西方经济发展出现的新特点和随之而来的新需求。因此，它的位置必然会被现代管理科学取缔。由"管理科学派"和"行为科学派"这两大理论学派组成的现代管理科学是一个十分庞大而复杂的知识体系。现代管理科学能够为管理会计的发展提供理论指导和现代化的管理方法。

20世纪50年代，美国的一些大型企业开始实行总会计师制，行使控制职能，此举的目的是使企业内部控制更加高效。1955年，美国会计学会在其拟定的计划中明确了施行控制最常用的成本概念，并于1958年发表了一份研究报告。这份报告将管理实践中管理会计方法作为素材，说明了管理会计的本质和使用方法。管理会计的基本方法包括标准成本计算、预算管理、盈亏临界点分析、差量分析法、变动预算、边际分析等，在这份研究报告中都有明确的体现，为构成管理会计方法体系打下了基础。20世纪60年代，计算机技术和信息科学技术快速发展，在此背景下诞生了"执行会计"和"决策会计"，管理会计理论方法体系的发展进程又向前迈进了一步。行为管理会计是管理会计中的一项重要内容，贝格尔和格林在1962年发表《预算编制与员工行为》一书对其有详细的论述。20世纪70年代后，柯普兰的《管理会计与行为科学》和霍普伍德的《会计系统与管理行为》等著作相继发表。这些著作的发表有力地推动了管理会计理论体系的完善。20世纪70年代末期，美国学术界掀起了管理会计理论体系研究热潮，发表了一系列权威著作，如穆尔和杰德凯合著的《管理会计》、纳尔逊和米勒合著的《管理会计》等。这些著作被美国大学会计专业作为教材使用。

与前一阶段追求效率不同，这一阶段的管理会计更强调对效益的追求。效益的含义不同于效率。效益是指综合目标的实现，效率是指在实现目标的过程中尽量少耗用资源。效益是对生产过程而言，效率是对企业内部投入和产出的关系而言的，而效益不能在这其中体现出来，它要在企业与外部的联系中体现出来。企业做出的决策是否符合企业的发展影响着效益的高低。在市场经济中，效率有没有成功转化为效益要经过市场的检验。如果没有经过市场的检验，效率不光没能转化为效益，还会造成损失。企业要想发展壮大，需要将市场作为指向标，并且要提高生产效率，将生产效率转化为效益。其中，"决策会计"发挥着重要作用，因为决策要将计划作为依据。

因此，管理会计的主体可以分为"决策与计划会计"和"执行会计"，决策会计处于首要位置，执行会计处于次要位置。

（三）反思时代

这是指管理会计在 20 世纪 80 年代的发展阶段。

20 世纪 80 年代，管理会计的发展随着"信息经济学"和"代理理论"的快速发展有了新的动向。与此同时，国内外科学技术发展迅猛并在经济领域大规模使用，相比之下管理会计有些落后于时代和科技的发展。

纵观管理会计发展史可以发现传统学派和创新学派是研究西方管理会计的两大流派。

传统学派对管理会计的研究主要集中于标准成本、预算控制和差异分析三个方面，所有内容都需围绕成本进行，注重积累历史经验，认为发展要立足于丰富的历史经验。此外，传统学派在管理会计的研究上提出了新的角度，这些角度多是关于如何使企业的经营管理水平有进一步的提高和如何使企业获得更高的经济效益的。传统学派以美国斯坦福大学的霍恩格伦教授、英国曼彻斯特大学的斯卡彭斯教授等人为代表人物。其中，霍恩格伦的著作《管理会计导论》是这一学派的代表性著作。

创新学派认为，在研究管理会计的有关问题时可以借鉴像数学、行为科学等邻近学科的理论和研究方法。该学派追求创新，在研究管理会计的有关问题时多使用数学模型。在研究中遇到关于预测、分析和决策等相对复杂的问题时多使用计算机技术来解决。美国哈佛大学商学院的卡普兰、马丁·路德大学的约翰逊等人是其代表人物。创新学派的代表性著作是卡普兰的《高级管理会计》。

20 世纪 70 年代到 80 年代初期，这两个学派之间发生了一场纷争。传统学派认为创新学派只重视理论，不顾实际，在管理会计的研究中不适合使用数学模型。创新学派认为传统学派过于守旧，不具有长远的目光，研究方法落后于时代发展，不能满足新时代的发展需求。但两个学派都在关注管理会计的理论是否与实际分离的问题。

正是这场争论使西方学术界对管理会计理论研究进行反思，推动了管理会计发展进入反思阶段。这场争论也使得创新学派的代表人物卡普兰的思想发生了转变。20 世纪 80 年代后，卡普兰主张研究管理会计的有关问题要使用数学分析方法，管理会计的研究要将紧密化作为研究方向。争论发生后，卡普兰转而认为管理会计的研究方法要做出改变，会计学习者不应局限在办公室内，要在具体的实践中探求研究管理会计的新理论和新方法。这是管理会计的发展进入反思阶段的标志。

1984 年，卡普兰提出一个观点，认为没有实际参与到会计工作中的人会计知识只是从书本上获得的，但是一些书本上关于管理会计的知识没有经过观察和实验。一些研究者侧重于数学模型，这些数学模型十分复杂而且与实际应用需要的数学分析相距甚远。这些没有经过观察和实验的知识以及复杂的数学模型常常使会计工作者感到困惑，不能在实践中应用这些内容。因此，卡普兰认为会计理论需要经过实践检验，没有经过实践检验的会计理论会流于空泛；会计实践需要会计理论的指导，如果会计实践缺乏理论指导会使实践显得盲目。在会计学科的发展历程中，常常出现理论发展与实践发展进程步调不一致的问题，经验研究方法恰好能解决这一问题。

1987 年，卡普兰与约翰逊共同出版的专著《相关性的遗失：管理会计兴衰史》中指出，几十年前关于管理会计的研究成果构成了当前的管理会计体系，这种陈旧的管理会计体系不能满足新环境下的经济发展需求。落后于时代发展的管理体系中有很大的问题。卡普兰和约翰逊认为，必须对管理会计体系做出变革，而且要从根本上进行变革，以应对科技发展和管理科学发展下的经济形势。

许多西方管理会计学家对这种观点做出了回应。英国伦敦经济学院布拉米奇和比姆尼共同发表调研报告《管理会计：发展而不是革命》。这个报告对英国关于管理会计的研究进行盘点，认为管理会计实践的性质发生了很大变化，虽然在知识体系和技术方法上没有很大变化。他们不同意卡普兰和约翰逊认为管理会计体系中存在很大问题的观点。因此，他们认为没有必要从根本上对管理会计体系进行变革，而是要通过实验研究和案例研究的方法在当前的管理会计体系上建立起与实践结合紧密的理论梯子。这个新的理论与方法体系是完善后的当前的管理会计体系，而不是要从根本上改变它。

英国曼彻斯特大学斯卡彭斯认为要从管理会计理论本身出发，探讨管理会计理论与实践之间的差距，不能仅从客观方面找理由或责备实际工作者。他认为管理会计理论自身有两个严重问题。一是随着企业决策者的需求日益增长，管理会计的知识体系难以满足其需求。二是管理会计理论所依据的某些假设与现实不符。

管理会计研究者需要对管理会计理论进行重新研究，探索出能够满足企业决策者需求的管理会计体系。在研究管理会计体系的同时要到实际的会计工作中了解情况，避免管理会计理论依据不符合现实的问题。

以卡普兰为代表的学者对管理会计信息相关性问题围绕"作业"展开了"作

业成本管理会计"研究。1988 年到 1990 年之间，罗宾·库珀和卡普兰撰写了大量文章介绍作业成本计算并在《成本管理杂志》上连续发表。西方"作业成本计算"研究展开。西方管理会计教材偏向于介绍"作业成本计算"和"作业管理"的有关知识。波特提出"价值链"概念后，管理会计结合"作业管理"相关理论努力为企业的"价值链"提供服务。20 世纪 80 年代，管理会计取得很多成就，这些成就多是关于企业"价值链"的成就。

从 20 世纪 90 年代前的管理会计发展史可以看出，管理会计的发展道路是从效率到效益再到"价值链"优化的道路，其发展历程的中心是"价值增值"。国内外管理会计专业教材多是按照这个框架编写的。

（四）过渡时期

这是指管理会计在 20 世纪 90 年代的发展阶段。

20 世纪 90 年代，世界范围内的经济环境不断发生变化。在这一背景下，管理会计不再负责收集信息，而是由信息使用者直接负责收集信息，这种转变能够使企业获得信息更加及时和高效，以便更好地应对日益变化的经济环境。管理会计从业者将信息企业的管理人员使用的陈规就此打破，而所有的企业员工同时成了信息的提供者和信息的使用者。

管理会计能够帮助企业适应经济环境的变化。经济环境的变化可能使企业产生"作业成本计算"与"作业管理"，进而推动"企业再造工程"的实施，从而推动了企业组织的变革，提高了企业的竞争能力。因此，这一阶段是管理会计发展的过渡时期，管理会计的主题由原来的价值增值变为了帮助企业适应变化的经济环境。

滑铁卢大学的阿特金森等学者认为，20 世纪 90 年代管理会计的研究主要集中在三个领域。

1. 管理会计在组织变化中的地位和作用

变化是当今企业经营环境的主要特征。研究管理会计信息如何帮助组织判断变化的必要性及变化的方式，以及外部环境的变化如何影响有效管理所需信息的类型，是相当重要的。作为变化的管理战略的组成部分，组织改变了其结构。需要的信息和信息评价会随着组织结构的改变而发生改变。环境和组织的变化意味着决策使用的信息和信息类型的变化。

所有这些变化从两个方面影响管理会计，第一，管理会计信息应该有助于组织的变化。管理会计应帮助组织了解变革的必要，并对组织如何适应环境变化提供适当的建议。当然，遏制变革也是同等重要的。有证据表明，管理会计倾向于保持现有发展状态，不主张进行改革创新，改革创新可能会受到绩效评价的阻碍，如标准成本就蕴含着保持现状的含义，不提倡改革创新。第二，管理会计信息应该随着环境的变化而变化。会计是一种沟通的工具和商业语言，如同口语会改变自身以适应社会文化和社会环境的改变，会计系统也需要对其自身进行变革以适应环境的变化。显然，这些变化对组织搜集、处理和使用管理会计信息的方式将产生深远的影响。

环境和企业组织的变化必将导致新型管理会计方面的信息需求，如对非财务信息需求的日益增强，即使是财务信息，其种类和信息的经济内涵也会发生变化。管理会计的发展在一定程度上会受到组织变化的影响。因此，管理会计在组织变化中具有什么样的地位、发挥什么样的作用成了管理会计研究者的研究课题。

2. 管理会计与组织结构之间的共生互动性

环境变化会影响管理会计。当然，管理会计也有助于推动组织变革。这就是管理会计与组织结构的共生互动性。管理会计是一种信息支持系统，它能够沟通组织中的各个部分，起到绩效评价和激励的作用。管理会计和组织结构之间的共生互动性的典型案例就是作业成本计算。

因此，管理会计研究人员应该立足于企业组织，在研究管理会计的理论和实践之间的问题时将管理会计与组织结构之间的共生互动关系作为出发点，有两个问题特别引人注目。

①组织会计。外部环境和组织结构的变化会引起管理会计三方面的变化，分别是定义、本质特征和范围，这些变化将是根本性的变化。管理会计的含义有其局限性，"组织会计"可能会将管理会计取而代之。因为不只是管理会计从业者，企业中的任何一名员工都可以发生管理会计的行为。因此，管理会计将涵盖组织整体（而不仅仅是会计人员和中层管理人员）。

②横向会计。现代企业的组织结构和管理方式正在发生转变，逐渐转变为"扁平式"结构和"分权管理"的方式。企业管理会计系统也将从原先的纵向信息传递与利用转向横向信息传递与利用。由此，原先的"纵向会计"将转向"横向会计"。横向会计的显著特征就是通过价值链（比如供应链）、横向责任会计中心（比如作业和流程中心）、横向计划与控制机制和信息网络（比如各种价值链作业的预算、绩效评价、转移价格和激励机制）归集资源的成本与收入。

3. 管理会计信息在决策支持中的作用

众所周知，管理会计侧重于为企业内部经营管理服务。分析企业在经营管理方面做出的决策是如何受到管理会计的影响成了一个重要问题。企业产品的设计、生产、销售及售后服务都会有管理会计的参与，这样能够使管理会计充分了解企业决策者的信息需求，确保能够为企业决策者提供其所需要的信息。管理会计研究人员将会重点研究如何确保管理会计在帮助企业决策方面发挥更大作用，管理会计研究的重要课题是其如何为企业经营和管理决策提供有效信息。

20 世纪管理会计的发展使会计学科的内容和内涵更加丰富，对会计在预测与规划企业发展方面的作用做出了展示，现代会计学科的发展进入了一个全新的阶段。

第二节 21 世纪管理会计的发展方向

一、21 世纪管理会计的主题：企业核心能力培植和提升

管理会计主要是为企业的经营和管理提供服务，它依赖于企业组织结构和外部市场。21 世纪的市场经济呈现出国际化、知识化和金融化的特点，在这种经济发展形势下，企业的组织结构和外部市场环境会有所改变，这些变化必然推进管理会计的发展。

21 世纪世界经济环境可分为宏观环境和微观环境两部分。宏观上来讲，世界经济呈现出国际化、知识化和金融化的特征；微观上来讲，信息社会已然来临，企业面对的外部环境与以往不同，正在发生变化。顾客、竞争和变化成为影响企业经营和决策的三股力量，这三股力量被称为"3C"，即顾客化（Customers）、竞争化（Competition）和变化（Change）。

在 21 世纪世界经济宏观环境和微观环境面前，与价值增值相比，市场份额对企业发展有更大的影响，形成竞争优势比拥有市场份额更有意义，但对企业发展影响最大的企业发展的核心能力。企业发展的核心能力是指企业对日益变化的市场环境的应变能力。

20 世纪 90 年代，企业中出现了新管理理念，即核心能力。1990 年，美国管理学家普拉哈拉德和哈默尔发表《公司核心能力》一文，文中指出核心能力具有以下三项组成要素。

①企业的核心能力能够凭借高质量的产品和高水平的服务给消费者提供特殊的价值，从而转变为企业特有的竞争优势。

②企业的所有产品都能够体现出其核心能力，而不仅仅是一个产品。

③核心能力为企业独有，很难被模仿。

企业核心能力是企业核心技术、管理能力和集体学习的整合。企业的核心能力有两种表现方式：一是领先于同行的技术，如英特尔公司的微处理技术、佳能公司的影像技术；二是高尚的服务理念，如肯德基在全球范围内的服务系统。但从根本上来说，核心能力是企业的技术和能力的综合，单独的技术或者单独的能力不足以成为核心能力。例如，微型化如果只包括产品设计微型化和产品生产微型化是不能成为索尼公司的核心能力的，因为它能够引导未来是市场需求微型化选择模式，因此能够成为索尼公司的核心技术。

企业核心能力是企业独有的资源，其外在表现是企业在外部市场中的竞争能力。企业核心能力结合生产要素就是企业生产的产品或企业提供的服务。企业核心能力能够通过市场对企业生产的产品或者企业提供的服务的评价外化为企业的竞争能力，企业竞争能力是企业生产的产品或提供的服务在市场上的外在体现。

企业生产的产品在市场上的竞争是企业竞争的表现形式，从根本上讲，企业之间的竞争是核心能力之间的竞争。企业只有具备核心能力，才能具有持久的竞争优势；否则，将很快在激烈的市场竞争中淘汰出局。因此，企业核心能力对企业竞争有重要影响。

当前会计学科的发展存在一个问题，即会计学科的关注点集中在企业的实物支持系统，企业独特的知识与技能、管理体制和员工价值观念对企业竞争能力乃至核心能力培植和提升的影响很少得到关注。企业核心能力极其依赖企业组织和企业的人力资源。在一定程度上，企业的核心能力是由企业的人力资源决定的。因此，21世纪管理会计的发展主题更加倾向于为提升企业核心能力提供有效信息。

二、21世纪管理会计基本框架基于可持续发展

包括管理会计在内的企业管理的一个长久不变的主题是可持续发展。我国加入世界贸易组织后，我国企业能否实现长时期的可持续发展关系到我国国际竞争力能否得到提升。

企业可持续发展的本质是"做强做大"。企业可持续发展是企业核心能力

提升和价值创造的统一。企业可持续发展有两个主题：一是企业核心能力的提升；二是企业价值创造。

价值增值是20世纪管理会计的主题。价值创造是企业经营管理的重要目标，但是，企业在当前能够创造价值并不能表明在以后的发展中企业仍将创造价值。20世纪管理会计重点关注企业价值创造，关注的焦点主要是在价值创造的过程和结果上，但对价值创造的动因关注不足，更不关注其可持续性。因此，其关注价值创造的可持续发展的问题更无从谈起。企业核心能力对企业价值创造过程和企业发展可持续性具有决定性作用。如果一个企业核心能力不足，即使在当前能够创造价值，其价值创造不会持续很长时间。企业的价值创造和核心能力的提升是相辅相成的，企业创造价值能够为企业提升核心能力提供经济方面的支持，更强的企业核心能力能够促使企业创造更多的价值。

企业价值创造的可持续性和核心能力的提升同步进行，对企业的长远发展有促进作用。为使企业能够长远发展，应将研究重点放在企业价值创造的动因和可持续性发展上，这项研究应将企业核心能力和价值创造的共生互动关系作为基石。这就要求在研究时要对影响企业创造价值的因素进行分析和判定，并探讨这些因素能否对企业价值创造有可持续性的影响。针对这些问题的研究，对于提升企业可持续发展具有重要的理论与实践意义。因此，21世纪管理会计的主题必须从企业价值增值转向以企业可持续发展为核心的核心能力培植上来，将视野延伸到价值增值背后的动因及其可持续性上。

管理会计提升企业的核心能力主要是通过平衡计分卡实现的。21世纪管理会计的主题发生了转变，由先前的以价值增值为主题转变为了以提高核心能力为主题。平衡计分卡代表了这一转变。平衡计分卡于20世纪90年代在美国兴起，由四个部分组成，分别是财务、顾客、企业内部业务流程和企业学习与成长。其中，财务和最终目标顾客是关键部分，企业内部业务流程是基础，企业学习与成长是核心。企业核心能力的提高需要一个过程，这个提高的过程是动态变化的。如果企业想要将其核心能力保持在一个较高水平，需要企业不断地学习成长。通过学习和成长，企业能够完善其服务体系，为顾客提供更加优质的服务，从而达到自身能够长远发展的目标。平衡计分卡连接了结果和动因，将因果关系作为纽带，促使企业可持续发展。因此，平衡计分卡对企业核心能力的提升有所帮助。

提高核心能力是21世纪管理会计的主题，而平衡计分卡是21世纪管理会计的主题体现。那么，我们应借助平衡计分卡的思维并以其为基础，在现有管理会计结构框架的基础上，对内深化，对外扩展。

（一）财务维度

在市场经济环境下，企业的财务目标有着重要地位。企业应当以实现财务目标为目的，对其各个方面进行发展和完善。

从广义上来讲，财务会计也是管理会计。企业的财务目标是利润，这里所说的利润是建立在权责发生制之上的。因此，财务会计是管理会计中不可缺少的一部分。

将利润作为企业的财务目标存在一定的弊端，企业的财务目标会随着企业的发展而发生变化，因此在一些时候现金流的作用比利润更加重要，企业需要设立现金流动会计。财务会计和现金流动会计在不同的领域发挥着自身的作用，但是将财务会计和现金流动会计结合起来能够反映出企业的获利能力。

20世纪的会计考虑视野狭窄，一般只考虑企业的财务效益，这不能满足21世纪企业发展需求。以企业核心能力为划分依据，可以将效益分为三种类型，分别是直接效益、间接效益和无形效益。21世纪管理会计在评估效益时应对这三种效益进行综合评估。

（二）顾客维度

企业需要向顾客提供高质量的产品和服务，以确保能够在长时期内实现财务目标。高质量的产品和服务往往能够获得顾客的肯定。高质量的含义具有复杂性和相对性，顾客会肯定能够满足其需求的产品或服务。从这个层面上来讲，企业能够通过顾客判断其生产的产品或提供的服务的质量。因此，要生产高质量的产品或提供高质量的服务首先要做的是确定顾客的需求。任何企业都需要明确顾客需求的内容、需求时间和需求方式。顾客是质量的中心环节。

以下是管理会计需要重点关注的几项内容。

①研究企业制定的市场战略对利润有何影响。企业对市场和市场战略的关注程度可以通过企业对顾客的关注程度表现出来。具体来说，企业要重点关注"市场份额""顾客留住率""顾客满意程度"等方面。企业可以借助利润如何受到市场战略的影响，分析企业在激烈的市场竞争中处于什么位置。

②质量成本管理会计。企业应重点关注如何平衡质量和成本的关系。其中，对质量成本的考核尤为重要。质量与成本的关系是质量成本管理会计的主要关注内容。因此，企业需要关注质量成本的管理会计。

③生命周期成本管理会计。随着社会经济的发展，人民生活水平大幅度提

高，需求也在快速变化。企业生产的产品或提供的服务能够满足顾客需求的生命周期越来越短。企业在考察其生产成本时不能只局限于产品的生产阶段，应延伸至产品提供服务的生命周期。

④环境管理会计。21 世纪以来，环境保护的观念逐渐深入人心。这就要求企业在树立顾客观念的同时要树立环保理念。产品质量的重要意义不光是对企业和顾客来讲的，对社会来讲，产品质量也具有重要意义。社会经济的发展将可持续发展作为目标，因此企业需要使其生产的产品符合这一发展目标，否则企业将难以在激烈的市场竞争中立足。为达到可持续发展的目标，企业在明确环境成本的同时需要评估环境效益。

（三）企业内部业务流程维度

从价值链角度看，企业业务服务流程有三项内容，分别是开发过程、经营过程和售后服务过程。在这三项内容中，以下几点需管理会计重点关注。

①研究与开发能力评估。在企业创造价值的过程中，研究与开发过程需要的时间最长。在研究与开发过程中，顾客是企业的指向标。企业首先要根据顾客的指引拓展新市场，吸引新顾客，分析顾客需求，然后根据这些资料研发更高质量的产品或服务。因此，为使企业在激烈的市场竞争中持有竞争优势，企业要重视评估研究与开发能力。由于一般评价方法不能评估研究与开发能力，管理会计需要对其进行分析和评估。

②作业成本管理会计。经营过程和售后服务过程比研究与开发过程短。在经营过程和售后服务过程中，企业需要将其生产的产品出售给顾客或是将其服务提供给顾客。出售产品或提供服务的过程具有灵活性、有效性和高效性。在激烈的市场竞争中，时间层面的竞争十分激烈，时间能够帮助企业抢占更大的市场份额。及时、高效地满足顾客的需求是企业保持价值顾客的重要手段。评价经营过程和售后服务过程主要是评价时间、质量和成本这三方面内容。

③企业资源计划系统。企业业务流程是企业将其资源进行整合并应用其整合后的资源的过程。会计信息系统和管理信息系统难以满足企业资源整合和应用的要求，因此，企业需要使用功能更加强大的企业资源计划系统。这一系统能够统筹企业生产经营活动、企业各项资源和顾客需求，从而提升企业竞争能力。

（四）企业学习与成长维度

提升企业竞争能力有多种方式。大多数企业在提升企业核心能力时使用学习工具的方式。企业要在竞争中不断学习，以提高自身核心能力和竞争能力。在企业学习的过程中，管理会计需要重视以下几点。

①知识资本管理会计。如果将企业比作一台电脑的话，知识资本就是这台电脑的软件。软件和硬件要同步发展，只有硬件或软件一方配置先进电脑是不会有太大用处的。企业的学习与成长本质上就是企业知识资本价值的提升。这从另一个视角展示了企业的核心能力。

②行为管理会计。管理会计不只是一项技术工具，还包括价值观念和行为取向。管理会计职能属于行为职能，即能对人的行为施加积极影响的职能。会计程序的有效性通过它对人的行为的影响体现出来。同时，管理会计在选择会计理论和会计方法时也会受到人的行为的影响。因此，管理会计需要将其研究重点放在管理会计信息的产生、传递和使用过程中，如何解释、预测和引导各有关人员的行为，使管理会计信息的行为职能在企业组织得到有效发挥。

③奖励与报酬管理会计。一般认为人才和资金在企业中具有重要地位，但实际上企业中最重要的是奖励机制。如果企业的奖励机制不合理，人才和资金的重要价值将无从体现，甚至会使资金和人才流失。反之，企业的奖励机制适合企业的发展则能够吸引更多的资金和人才，使企业获得更多的资源。企业在进行其管理与组织设计时要考虑管理与组织设计能否使企业资源充分地发挥作用、企业管理制度中的官僚主义如何避免、企业的管理制度能否帮助企业成长、何种奖励机制适合企业的发展等问题。因此，在未来的管理会计发展进程中，管理会计需要着重考虑在以人为本的前提下，如何设计出适合企业发展的奖励机制和激励报酬计划。

企业的学习和成长是企业创新的动力源泉。企业的学习和成长过程至关重要，它关系到企业能否实现其财务目标、能否保持价值顾客和能否使其业务流程更完善的问题。因此，构建可持续发展的管理会计基本框架能够使企业走上可持续发展的道路、提升其核心能力、形成独有的竞争优势，力争上游，成为国内乃至世界顶尖企业。

第三节　管理会计理论体系在我国的发展与展望

一、管理会计理论体系的思路制约

20 世纪 80 年代，我国开始了管理会计的系统研究。著名会计学家余绪缨编写了第一本管理会计专著，我国管理会计的研究就此拉开帷幕。此后，国内管理会计领域的专家学者在国际发展趋势下，引进了诸如适时制、作业成本计算等国际上最前沿的研究成果。与此同时，一些专家学者立足于我国管理会计理论体系的发展情况，归纳我国管理会计发展经验。关于我国的管理会计发展是否存在发展体系，是否要研究管理会计理论体系以及如何研究管理会计理论体系等相关问题在我国的会计研究领域存在争论。管理会计有其自身理论体系，但研究尚未取得较大的成果，这主要是以下几项原因造成的。

①管理体制上的原因。我国的经济管理体制从 20 世纪 50 年代发展到现在历经两次变革，一是由旧的经济管理体制转变为计划经济体制；二是由计划经济体制转变为市场经济体制。第一次转变借鉴了苏联的经济管理体制，即实行宏观调控，管理会计无从发展。第二次转变借鉴了西方经济管理体制。西方国家在管理会计理论体系研究方面存在不足，导致我国管理会计理论体系研究未能及时建设起来。

②研究方法上的原因。20 世纪 80 年代之前，管理会计在我国虽有具体的实践，但理论体系层面的研究尚未展开。80 年代以后，我国会计学界对管理会计的研究主要是集中于西方管理会计发展方向的研究。在这个时期，规范化研究逐渐弱化，实证研究开始普及，描述客观现实并加以解释成为研究重点，管理会计理论体系的研究不受重视。这个时期关于管理会计的研究呈现出重复性强，开创性弱的特点。由于这些研究多是专项研究，较少涉及理论体系层面的研究，因此在管理会计理论体系上的研究没有取得太大进展。

③会计实务的局限性。管理会计与企业组织机构、企业的管理方式和企业的发展战略的有较强的关联性。但企业的组织机构、管理方式和发展战略处在一个不断变化更新的状态中，这就导致了管理会计的研究连续性差的问题，同时难以形成理论体系。要解决这些问题，需要打破会计实务的局限性，探索管理会计理论体系研究的新思路、新方法。

二、管理会计理论体系的实践"瓶颈"

管理会计学家卡普兰教授在其著作《高级管理会计》中指出管理会计的信息系统包括收集并分类信息、对收集到的信息进行加工分析和传递信息等内容。它能够帮助企业的管理人员制订计划、做出决策。管理会计信息系统虽然是一个完整全面的系统，但在实际操作中有一定难度，主要是以下几方面原因造成的。

①没有配套的法律法规。财务会计最大的作用是向外界提供其所需要的信

息，以使外界信息使用者做出正确的决策。因此这些信息必须做到规范化，并且提供规范化的信息已经成了财务会计的法定义务。但管理会计主要是向企业内部提供信息，不同企业对信息的需求不同，很难达到规范化的标准。

在世界范围内来看，各种教科书中关于管理会计的内容做到了相对的规范化，但这种规范化并未得到法律的保障，在实际执行中不能取得令人满意的效果。因为缺乏配套的法律法规，在是否实行管理会计的问题上，会计人员可以根据现实的需要自主选择。在我国当前的会计发展阶段，财务会计的发展未能建设起一个规范化的体系，目前正在集中精力制订会计准则。因此管理会计规范化问题更加难以得到解决。

②我国研究的现状。我国管理会计的研究发展主要是随着国际上管理会计研究的发展趋势进行的，主要是引进国际上管理会计最前沿的研究成果。在研究方面，创新能力不足，研究成果主要集中于本利分析、预测、决策、预算、标准成本控制、责任会计等方面。在我国的会计学科中，理论研究和具体实践是分离的。因此很多研究成果在实践中并不适用。

③会计人员被传统观念束缚。在市场经济的大环境下，每个企业都是一个经济实体，依靠自身能力在激烈的市场竞争中立足。企业的经济管理效率对企业能否在激烈的市场竞争中立足具有重要影响。管理会计作为管理中的重要部分有广阔的发展空间。但在我国的现实情况是，管理会计在企业管理中处于边缘地位。因此，很少有管理会计具有决策意识。

虽然我国管理会计理论体系建设过程中存在很多阻碍，但这仍是一项必要工作。

三、对未来管理会计研究的展望

（一）未来管理会计面临的状况

1. 管理会计在研究方向上面临的选择

未来管理会计的研究有两条路可走：一是走管理会计发展道路，采用传统理论和方法研究管理会计理论体系；二是结合实际，拓展研究领域，增加新的研究课题。

这两种研究方向的选择在很大程度上是由研究者的奖励机制决定的，在研究方向的选择上存在冲突。采用传统理论和方法研究管理会计理论体系可以借助于成熟的理论和方法，公众接受程度高；在研究过程中结合实际，开阔研究领域和研究课题则没有成熟的理论和方法可供借鉴，而且研究思路与原有思路相反，公众接受程度低。因此在选择管理会计理论体系研究方向上要从多个不同层面比较其优缺点，然后做出选择。

2. 管理会计所处的现实环境变化

企业的组织形式会随着外部社会环境的发展变化而不断变化，管理会计实务又会随着企业组织形式的变化而变化，最终管理会计的研究目的、研究内容也会随之变化。

社会环境的变化包括市场竞争情况的变化、整个行业经营战略整体方向的变化、信息加工技术的改进等。组织机构变化包括企业制订的竞争战略的变化、管理方式的变化等。面对这些变化的因素，一些企业采用了作业成本法、基准管理等策略积极应对。

为应对环境变化和组织机构变化，管理会计理论体系的研究理论与研究方法也要做出相应的调整。

（二）未来管理会计的发展方向

1. 横向管理

现代企业组织形式正在由先前的集权管理方式转变为分权管理方式。管理会计体系也随之发生了改变，由纵向管理体系转变为了横向管理体系。

在横向管理体系下，企业的各个部门要归集收入和成本费用，设立横向责任会计中心和计划与控制机制。因此，管理会计可以从预算编制、奖励措施等方面采用实证法、分析法等不同研究方法权衡横向管理和纵向管理的利弊，帮助企业选择最优管理方式。

2. 战略会计

现代企业往往制订长远的发展战略，立足于经济全球化的发展趋势，追求最大发展效益。因此企业管理的分权管理模式的应用范围更加广阔，管理会计的新课题也随之而来，以下是它的特点。

①在控制发展环境方面，分析竞争对手的竞争优势以及整个行业的发展情况。

②在设计发展战略方面，设计企业的发展定位、企业类型和具体的发展战略。

③在控制发展战略方面，宏观把控发展战略的具体实施情况和实际实施效

果，分析发展战略中的变量因素。

3. 组织会计

管理会计的定义、特征和范围会受到环境和组织机构变化的影响而发生变化，而且这种变化是根本上的变化。管理会计由于其含义具有局限性，会被组织会计取代。其原因如下。

①管理方式由先前的将人作为主体的人工管理方式转变为将信息作为主体的信息管理方式。

②管理会计这一行为的主体不再局限于从业者，任何企业员工都可以自觉地发生管理会计的行为。

③管理会计不再局限于向信息使用者提供其所需的信息，企业员工都是信息的使用者和提供者。

4. 管理会计研究多元化

未来管理会计的研究方向将是多元化的，以下是其具体表现。

①不再独立研究课题、行业、方法某一方面，而是将这些方面综合起来研究。

②跨行业、跨部门共同研究多个课题，实现研究成果的实用价值最大化。

③多个学科交叉研究，在研究过程中借鉴多个学科的理论和方法，使研究更加全面。

第三章　管理会计在企业中的应用现状与环境

自从管理学的创始人泰勒提出标准成本管理与控制的概念以来，管理会计无论从内容上还是在方法上都发生了许多新的变化。从最早提出标准成本制度、本量利分析、长短期经营决策，发展到当今的作业成本制度、零基预算、平衡计分卡等。制造业是管理会计最初应用的行业，但后来由于信息技术的快速发展，还有工业企业中管理会计的应用成效、管理会计技术方法陆续渗透到服务等行业。但由于受到客观环境的影响，我国企业尚未真正构建成系统的管理会计体系，只有少数企业在管理会计的应用过程中取得了一定的成效，大部分企业应用还处于初级阶段。本章主要内容包含管理会计应用于企业的基本职能，以及结合了实际对在我国企业中管理会计存在的主要问题、应用现状、应用环境和发展特点等进行阐释。

第一节　管理会计在企业中的应用现状

一、管理会计应用于企业的基本职能

管理会计侧重于企业内部的战略决策、经营决策的制定提供信息服务。管理会计的范围从传统对已经发生的经济事件和交易进行会计记录、计量、报告经济事项，延伸到对产品订货量、产量、价格、资源需求量等信息计量、分析，以财务和非财务信息协助企业管理者实现企业经营目标、实施战略和更加广泛的业绩评估。管理会计的主要职能概括为：提供管理信息、预测和参与决策、规划经营目标和考评企业绩效。

（一）全面提供管理信息

管理会计是基于企业内部管理的需要，利用财务会计和其他相关资料提供的信息，采取一系列方法分析、预测、规划、决策和控制企业当前和未来的经济活动。为企业的生产和运营，执行决策和业绩评价等提供信息方面的支持，

主要是为了提高企业的管理水平，最大限度地提升企业的经济效益。管理会计涉及除企业会计核算、对外披露信息外的所有财务管理内容，如全面预算管理、绩效评价、投资决策、各类管理报告等。因此，管理会计能够提供全面的企业管理信息，反映企业管理水平。管理会计需要结合企业经营的实际情况，应用多样的方法对企业内部的财务会计资料和非财务信息，进行计量、加工、统计，不完全受财务会计制度和准则限制，结合企业自身经营特点和所在行业的参照指标，向企业管理者提供财务信息、全面预算管理、责任成本管理、经济活动分析、绩效评价等全面管理信息，并通过各项经济活动的计量指标来全面反映企业的经营状况。

（二）预测决策经济前景

企业的经营决策贯穿着企业经营管理的各个方面，从企业经营目标的确定到具体项目的可行性分析与考核评估，都需要经过科学的预测和分析，实行严格的事前监督和控制。管理会计发挥预测前景的职能，就是按照企业未来的总目标和战略规划，充分考虑到了经济规律和经济条件的影响与束缚，并经过了预测模型的合理选择，推测未来企业项目的利润、成本和资金变动趋势，为企业领导层提供相关决策依据。另外，由于决策工作贯穿于企业管理的各个方面，参与决策是管理会计的一项重要职能，体现在依据企业决策目标，收集、整合相关信息，对未来企业中需要投资项目的销售、成本、利润及资金需求等做出总体预测。对投资项目经济前景做出客观的预测，再选择科学方法计算有关长短期投资决策方案，通过对各种方案进行评价，最终筛选出最优的决策方案。

（三）切实规划经营目标

管理会计其中一项职能就是通过编制各种预算实现企业规划目标，它要求在实现企业战略的前提下，在落实项目最终决策的基础上，将事先确定的经济目标分解落实到企业年度预算中。在实施预算管理过程中，管理会计能够对企业各种财务信息进行收集、整理、归纳和分析，从中提炼出对企业有价值的信息，通过企业各类管理信息和报表对企业经营发展中的潜在风险进行预测，以风险预警的方式提请领导层高度关注并提出应对策略，促进企业降低风险，保证决策有效实施，促进规划目标实现。

（四）严格实行绩效评价

传统的企业绩效考评不利于企业价值创造，企业重视追求短期经营目标，而忽视长期发展质量，导致企业规模发展较快，投资较多，但效益不理想，资产质量较差。现代管理十分注重增值服务，追求价值创造和长期发展质量，关注企业经济责任制落实效果。而管理会计一项重要职能是评估考核企业的业绩，建立起责任会计制度，并要求明确各单位和各部门职责的前提之下，评估各项责任指标执行内容和完成的相关情况，查找成绩，发现不足，从而为企业领导层薪酬制度的实施和今后工作改进提供依据。管理会计中经济增加值（EVA）和平衡计分卡等现代绩效考核工具的应用，通过建立以 EVA 为中心的绩效评价体系，以全面预算管理为载体，严格绩效考评，可以防止企业过分关注短期经营行为的发生，也有利于企业提升价值创造能力。

二、管理会计在企业应用中取得的效果

管理会计正式引入中国是在 20 世纪 80 年代初，以计划经济体制转变为市场经济体制的经济环境变化为驱动，中国开始学习西方管理会计理论。90 年代后，国有大中型企业推行股份制改革，产权关系逐渐清晰、权责明确，现代企业制度框架初步建立，市场经济改革不断深化，产业链延伸，在这样的环境中，管理会计进入实证研究和应用阶段。当时河北邯郸钢铁公司实行的"模拟市场，成本否决"成为管理会计在企业中应用的典范。90 年代至今随着管理科学的不断发展，经济全球化和信息技术的几何级发展，企业组织结构不断发生变化，企业整个经营活动过程，从战略制定、经营决策、风险控制、商业运营等各个方面都需要对管理信息进行有效收集和分析，并根据收集的管理信息及时发现问题，提出备选解决方案，评价方案，选择方案，解决问题。整个解决问题的过程，都需要以大量的管理信息和财务数据作为方案的依据和支持，管理会计从而逐渐渗透到企业经营管理的各个环节。

（一）及时发现存在问题，分析产生问题的根源

企业在经营发展的同时，或多或少地会产生这样和那样的问题，这就需要对企业经营出现的问题进行诊断，透过问题的表象找出问题产生的真正原因。现今，经济全球化发展、科学技术不断创新，企业所处市场环境变化加剧，竞争更加激烈，企业的经营链条不断加长，产品整个供应链不断蔓延至全球。企业经营周期中的风险也不断增加，经营管理活动中出现的问题必须及时发现，对存在问题进行诊断，找出问题产生的原因，才能避免问题进入下一个经营环节，对企业经营造成损失。解决任何问题都必须从事实入手，发现事实就需要

从企业外部和内部收集大量的管理信息，并进行深入而细致的分析，才能找出问题的真正原因。曾经在国际市场上声名显赫的日本索尼公司正是因为电子产品市场信息反馈的延时和企业绩效管理量化的失误，导致在 2011 年度亏损达到 5200 亿日元（约合 64 亿美元）。一年之内 64 亿美元的亏损额成为索尼公司 65 年历史上亏损最高的纪录，同时也成为索尼公司从 2008 年起连续第四个财年的亏损。可见，及时发现企业经营存在的问题，并挖掘发生问题的原因，对企业持久经营和长久发展起着至关重要的作用。

（二）探索解决问题途径，提出相应的方案策略

企业经营中的问题显现出来，对问题进行分类管理，判断问题是企业经营中已经预估会出现的问题，还是曾经遇到并成功解决的问题，或是因为客观市场变化突发的新问题。企业经营中遇到的各种问题，都需要大量解决问题的方法。解决问题的方法也来源于对日常经营管理信息的收集和分析。在取得日常管理基础数据后，管理会计中的全面预算管理、成本性态分析、交易成本理论和不确定性理论等分析方法都可以应用到解决问题中来，帮助企业进行经营流程分析，应用成本管理、价值链分析、应用线性回归、离散方差等有效数理统计方法对各类财务信息和非财务信息进行解析，形成一套全面而完善的管理信息分析系统，探索解决问题的各种途径。

管理会计在充分考虑了现实条件和解决问题的可能性后，将可能解决问题的方法制定了多种备选方案。整个备选方案的形成过程，需要对完成问题条件的假设、原因的相关性分析、解决问题详细方案等步骤仔细评估，最后形成备选方案。在备选方案的形成过程中，需要有解决问题的全局考虑，鼓励创新思维，提出更高效的解决方案，促进管理会计理论和实践的融合。

（三）分析方案利弊因素，为决策提供有力支撑

在解决问题的方案中需要全面收集各个方案有利的前提条件和限制因素。从经济、政治、自然、法律、商业等环境下到企业所在行业的法律、法规、技术条件、市场饱和状态、原材料的供应、人力资源状况再到企业的内部环境、管理模式、持有现金规模等，各种可能对企业解决问题方案造成影响的条件和因素进行分析。充分考虑这些因素是否能让各个方案顺利实施，从而对方案执行过程和结果产生影响。错综复杂的限制性因素，对企业追求价值最大化过程中的最优规划有着制约作用。管理会计需要考虑减少限制性条件给企业经营带来的制约效应，一方面是增加限制性要素的供给量，通过制订有效的生产计划、

加强限制资源的缓冲和统筹安排生产；另一方面是减少限制要素的需求量，比如找寻替代方案，或通过改变生产结构尽量减少对限制资源的需要。

在一个生产经营周期内，遇到一种限制性因素，会给企业生产和经营造成瓶颈，存在多种限制因素时，问题可能会更加复杂，企业自身的优势在外部条件变化的情况下，也有可能变为限制性因素。比如，在行业内规模较大的企业具有规模优势，在市场需求转变和技术革新的外部环境下，企业经营因为规模较大、信息反馈层次较多而不能快速地适应新环境，成为企业的劣势。在企业的经营中，要将企业自身的状况和外部环境综合考虑，收集全方位的有利条件和限制因素，不能忽略每个方案里存在的综合因素，避免方案实施时因为这些因素对企业造成影响和新的损失。

（四）测算多种可行方案，预测可能实现的目标

企业在进行决策的过程中，为了达到企业设定的经营目标通常会产生多种可行性方案，每个可行性方案都有多种可能性，而且每个方案不一定是互斥，多个可行性方案之间还存在相互替代的可能性。对形成的各种方案采用定性和定量的方法进行方案可行性论证，方案论证主要是从多个方面综合评价各个方案在技术、经济等方面的合理性和可能性。方案的测算是寻找价值最大化和企业经营效率最高点的必要方式，也是各个方案整体经济评价的重要组成部分。

各个方案的测算可以按照每个方案所含的全部因素计算单个方案的经济效益和成本费用，将单个方案逐一进行全面测算，也可将单个方案就不相同因素对方案经济效益和成本费用的影响，进行不同因素的敏感性分析。对单个方案进行论证和测算时，要特别注意各个方案遵循效益与费用计算口径对应一致的原则，这样测算出来的敏感性分析数据才具有可比性。就单个方案所含的全部因素进行比较时，可对照不同类型和方案的具体条件选用差额，投资内部收益率、净现值法、年值法或净现值率法等定性与定量的分析方法，微观经济效果与宏观经济效果相结合的方法，并结合方案静态、动态的差额投资收益和整个项目投资回收期，综合考虑方案得出的不同经济效益和成本费用。各个方案测算时，应当根据调查研究的结果和所掌握的全部资料进行全面而细致地考虑，只有对方案进行认真的分析和测算，才能估算出方案实施的效果，从而保证企业项目规划和选择实施方案的正确性。

（五）选择最佳决策方案，评价付诸实施的效果

企业管理人员在将多个方案进行逐一和综合论证后，从中选择一个最佳方案并实施。选择最优方案，需要考虑方案整体经济价值的最大化，经济价值最大化能获得最大的收益，但不确定性因素也会对方案造成无形影响。受到综合因素的影响，最优化的量化模型比较难以建立，比如企业非结构化的经营战略决策。企业初次进入一个新市场、推出新产品时，往往不能用经济价值最大化的指标来衡量，企业经营中有很多类似的经营情况很难求得最优解或本身就没有办法构造完美的量化模型，在充分考虑综合因素后，选择一个最佳的决策方案，来为企业的整体经营目标和战略规划，制订出一个具体的实施计划。

选择最佳方案后将战略计划转变为行动，才能实现企业预期目标。战略计划的实施需要很长一个周期，在计划实施过程中既依靠企业高层管理者对战略规划的诠释、在配置资源方面的合理安排、推行支持战略的政策、构造合理的组织行为等大量管理活动，也需要企业其他管理人员认真严谨地具体操作执行。企业管理者与工作人员共同努力，并及时解决方案实施过程中遇到的新问题，将方案实施过程变为企业的全员参与，发挥每个人的主观能动性。当企业将方案付诸实施后，达到了企业预定的经营目标和规划，实现了经济效益指标，并在长期战略方面显示出很大进步时，才说明企业实施的战略方案是成功的。

三、管理会计在企业应用中存在的问题

我国企业在 20 世纪 90 年代初陆续建立现代企业制度，企业管理基础薄弱，管理会计在企业中应用较晚，内在需求不强。由于我国的管理会计理论体系还不健全，实际应用还比较零散，并没有真正应用到企业方方面面的管理中。

（一）基础理论及应用体系不健全

我国会计学科理论界长期重财务会计和实证研究，轻管理会计和案例研究。这导致我国把大部分的时间都用在了国外研究成果的引进和介绍上，反而自身管理会计方面的研究甚少，缺乏对本土体系的研究。在这种现状下，要想大力建设管理会计理论体系，在观念、人才、基础等方面都是软肋。

同时，由于管理会计是一门应用性学科，每个企业有不同的应用方法和路径。因此，《管理会计基本指引》显然不能如《企业会计准则》那般对所有的工作进行固化。我们需要总结管理会计的共性要素，如定义、目标、基本概念、基本内容、主要方法及案例说明等，来建立起一套标准化的概念和方法体系，

利于管理会计应用，这就是指引体系。而这一体系的顺利建设显然又与理论体系的完善和实务经验的深入提炼紧密相关。

企业管理面临着一系列的挑战，如外部经营环境的变化带来的管理压力、企业规模扩张带来的管理压力、国外公司涌入中国所带来的西方先进管理理念和实践等。这些挑战对管理会计提出了新的要求，也推动企业内部的管理水平有了艰难的提升。中国企业开始对管理会计有了一定的研究和应用，并已积累了一些符合中国企业业务特点和管理需求的经验和方法。尽管由于理论发展的滞后，当前管理会计领域的这些方法仍大多为碎片化的实践成果，既缺乏成熟性和系统性，也缺乏大面积传播的机会和渠道，但这些方法，却已在实践中切实地为企业创造着价值。

（二）理论研究与实践应用脱节

管理会计的理论滞后于实践发展，科学性、实践性不强。由于会计理论界长期对财务会计和实证性研究的追捧以及对管理会计的不重视，同时，也由于管理会计理论与方法研究的特殊性、缺乏"公开数据"导致研究难度大。这些研究基本都集中于对西方管理会计方法和最新研究成果的引入和介绍，缺乏对先进管理会计方法本土化应用的研究，仍停留在简单方法的介绍，忽略了去深入研究理论系统，从而导致了对实用性、可操作性和功能性有较少的追求。因此，在理论上未形成一套严密、完整的管理会计体系。特别是在知识和网络经济逐渐发展的情况下，管理会计的理论创新对经济环境的发展并没有起到深刻作用。

管理会计的理论在我国本土化实践不够。20世纪80年代初，管理会计部分工具开始在我国得到应用，由于管理会计理论大部分都是由国外的研究成果翻译所得出的，与我国的社会环境、经济环境和企业环境不相适应，导致管理会计理论与实际应用脱节。因此，管理会计应用在我国企业目前还仅仅停留于个别工具上，没有系统和规范的应用体系。

理论研究和实践经验无法做到有机结合。一定的经济和社会环境的建设离不开管理会计理论的研究、应用和发展，经济和社会环境发生变化也代表着企业的组织形式同样会发生变化，而企业组织形式的变化还关系着管理会计实务的发展变化，这种相互关联的变化在最后的结果，就导致管理会计理论研究的内容、目的和方法都会发生改变。如今我国对管理会计理论的研究重点，仍然处在介绍和引进国外最新成果方面，欧美等发达国家的管理会计理论的研究与发展是有其发达的经济背景作为支撑的，直接将国外的研究成果拿过来照搬使用，极容易造成"水土不服"，理论不能有效地指引实践发展，而实践也不能较好地印证理论成果，理论与实践不能有机地融合在一起。如我国在管理会计理论中关于时间价值的问题上，仍然沿用了西方国家的复利制进行问题的分析，但由于我国用来计息的方式是单利制，导致理论和实践出现不协调问题。又好比我国的企业中也有一些应用管理会计方面的成功经验，而学术界并没有对这些成功的案例有所研究或进行广泛、系统的思考总结，只有极少数的案例被当作典型，并被作为示范性的研究报告，但供人们参考的案例是不系统不全面的，这又导致了管理会计的理论研究和实践不能一起并行发展。这就提醒了我们，管理会计理论在我国的研究和发展还相当不完善，应当立足实际结合自身经济状况，在自身经济和社会环境发展的基础上，对于国外研究成果应当有取舍地借鉴，最终形成适合自身"土壤"的理论成果。

（三）管理会计应用环境有待改善

当前我国企业管理会计应用仍处于初级阶段，管理会计的发展迟缓且相对滞后，服务内部的决策管理不足，未能有效发挥在企业发展中提供规划、控制、决策和评价等方面的作用。管理会计的应用与企业内外部环境的改善具有十分密切的联系。

首先是改善经济环境。在企业中应用管理会计需以高度灵敏的市场经济环境为依托，比如净现值法在管理会计中的应用，折现率的选择是其中的主要问题之一，折现率可以是投资资金的成本率，或是投资项目的同行业平均投资回报率，这些都和金融市场以及同行业市场的竞争相关。因而强调了管理会计在执行上需要构建一个相对完善的经济体制环境。

其次是要改善法律环境。目前，我国法律体系还不十分完善，与管理会计相关的规章制度制定滞后，这致使了管理会计大大降低了向企业提供经营决策信息的有用性和相关性。管理会计必须秉持着平等、竞争和公平的态度，在法律环境下，对企业经营决策者提供有用信息。

最后是要改善企业内部环境。一方面来看，理念的树立应首当其冲引导实践。管理会计应用的推动力是"一把手"工程，事情能不能做成全靠领导支不支持。对管理会计的应用就像是财务搭台企业唱戏，但其并不是单凭一个财务部门就能推动的，而是需要让企业中的各个业务部门都广泛地参与进来，并大力推动，事情的发展就能事半功倍。除此之外，还应树立动态性、创新性的管理会计理念，将实践中得到的成功经验和典型事例进行应用和重复使用，还要时刻注意创新，创新就像是源源不断的动力存在于管理会计的发展之中。

另一方面，高度是由基础所决定的，管理会计的成功实施离不开一定的管理基础。管理会计是企业的"量化管理"，它贯穿在企业的业务、组织、财务、系统到战略全局的发展之中，并不是孤立存在的，企业管理的基础就受其技术的很大影响。就好比要建高楼，高楼的高度由地基决定，若是企业只关注楼能不能再建高一点而不选择打牢地基的话，那最终的结果也就不言而喻了。同时，企业内部管理的精细化和更多先进管理方法的采用，也令企业的信息化体系更加丰富和复杂。传统、单一的企业资源计划时代已经过去，为了实现不同的管理功能，企业需要建设多领域的多个平台，譬如预算管理系统、供应链管理系统、资金管理系统等，并通过整合这些彼此独立的平台，实现数据和信息的快速集成。只有在这样的信息化体系的支撑下，企业才能实现对管理会计的有效应用。

（四）会计人员能力素质有待提升

我国目前有 1900 万会计从业人员，其中高级人才不足 50 万人。在美国，大概率的会计人员在从事管理会计的工作，而管理会计人员用于决策支持的时间有 75%。从以上两组数据可以看出我国是会计大国，但不是会计强国，高端会计人才匮乏。如在员工素质较高的国有企业和县级以上的集体企业会计人员中，有大专文化教育水平的只在一半以下。并且由于知识结构的逐渐老化，即使是现有的中高级会计职称的人员，也很难在企业管理的决策中运用有效信息，使管理会计在我国企业中应用受到限制。如今我国的会计人员整体素质偏低，主要是由于财会知识结构不合理、专业的教育层次较低、专业知识更新不够及时。我国企业的会计人员从事的主要工作有会计核算工作和履行记录的职能，并且会计人员还要了解管理学、经济学和统计学等，了解会计基本知识技能，还包括需要具备较多的社会科学知识等。这些都是我国现阶段的会计人员极少具备的条件，若是会计人员的综合素质不能达到要求，管理会计的发展则很容易出现问题。

四、管理会计发展的"三阶段论"

管理会计的发展是一个复杂的过程，它是伴随着社会、经济管理的需求发展而发展，从简单的成本会计发展成为支持决策的现代管理会计，而且现代管理会计决策支持模式也从科学观决策模式转向人文观决策模式。

（一）会计演化以历史观、哲学观为指导

研究与会计有关的问题，不能够用简单单纯的技术进行分析和研究，也不能用会计来理解会计，而是要在分析和论证的同时将其提升到理论的高度。在技术层面对问题进行认识是有异于在理论层面认识问题的。这二者之间的差别就像是工匠和学者。众所周知，工匠对社会的贡献是极大的，有巧夺天工的本领。但是对整个社会来说，仅仅凭借工匠的力量是远远不够的，这时学者的作用就突显出来了。研究问题是学者的基本任务，学会将眼界放大并探索进最深处，以此来超越现有水平，强调原创性和理论上的创新。这其中理论成果的形成是实现人类的认识在总体上的新飞跃，其影响具有全局性和长远性。

工匠和学者之间的关系也同样可以看出理论的重要作用。理论是有层次的，而人类社会的发展是自然的历史过程，所以历史观就是人文和社会科学理论的最高层次。所以只有在特定的历史条件和背景下，将人文和社会科学问题进行研究才可以得到正确的认识。会计的演变是一个历史进程，这一点上对相关问题的研究也是如此。紧接着就是哲学观。哲学观一般被人们认为是全部科学理论的最高层次，也是结合了人类智慧的结晶。其中全部科学指的是自然、社会和人文科学。哲学作为人类的大智慧存在，所以哲学观的存在是在所有的学科中都起指导作用的，其中当然也包括了会计学科。

总而言之。历史观和哲学观是为研究问题所做的指导，是必须站在历史的高度才能进行的。也只有这样，我们才能得出高层次和非凡的见解。

（二）管理会计形成、发展的"三阶段论"

一个世纪以来，管理会计的形成与发展可分为连续的三个阶段，即成本会计、现代管理会计和后现代管理会计三大阶段。

1. "成本会计"阶段（20世纪初—20世纪50年代）

工业化形成的产物就是成本会计。成本会计的形成和发展在这一阶段主要表现在由账外计算到账内计算的发展，从严格意义上说，账外计算是指会计知识附带工作在生产中的一部分，也就是指生产人员生产中所用工、料及其他消费的计算。账内的计算是指会计核算，是将成本纳入、累计和结转到复式簿记系统中，业务处理方面由会计人员进行处理，借此机会可以在会计期间结束时编制资产负债表和利润表提供的相关成本数据。成本的账内计算虽说已经被企业的会计系统所纳入，但其不具有代表性也只不过算是财务会计的组成部分。

此外，泰勒的科学管理学说中建立了标准成本会计，其中实行的是事前与事后的分析和计算，可以减少企业在生产经营中的浪费，促进效率的提高，使企业内部增强成本管理或控制服务。在上述中不难看出，标准成本会计与成本的账内计算是不同的，它超越了传统的财务会计的基本框架，开创了一条会计为企业管理直接服务的新道路。这一特性也使得它能够在一些方面履行管理会计的职能。

但也需要看到，标准成本会计的有效实施得益于整个社会的经济环境和生产技术系统在企业内部的稳定，是在市场内部具有稳定需求和能长期大量生产的较为稀有的产品品种。这种情况才能真正地、有效地使原始意义的标准成本会计实施运作，但如果不是这样就很难进行下去，是有其局限性。

总之，当认识和分析问题还在成本会计阶段时，代表其基本上还停留在了技术层面，没有到达该有的理论高度进行认识分析，这是在总体上的缺陷。

2.“现代管理会计”阶段（20世纪50年代—20世纪90年代初）

管理会计在这一阶段的历史中取得的相应进展可归纳为下面几点。

首先，是由执行性会计转变为决策性管理会计。在20年代50年代之前，会计系统注重在企业内部提高工作效率和生产的服务，在决策咨询方面的问题不会有所涉及。由于20世纪初到20世纪50年代期间发生了两次世界大战，导致企业的经济环境面临着极度缺乏社会物资，供不应求，因此生产出来的产品不会发愁卖不出去。所以那时的企业在管理中并没有将经营决策问题看得很重要。

在20世纪50年代之后，资本主义经济逐步发生了很大的改变。这些改变都在于，一方面，现代科学技术由于发展势头正猛且均用在了生产方面，使得社会生产力的发展非常迅速；另一方面，出现了一大批跨国公司，资本主义企业开始越来越集中，企业的生产和经营越来越复杂，规模也逐渐扩大，加上企业的外部环境极不稳定，使得竞争越发激烈。企业管理在这种新的条件和环境之下又被提出了新要求，那就是加快实施新的指导方针，将管理的重点放在经营上，而将经营的重点放在决策上，拥有正确的经营决策才是我们首先要重视的。除此之外，形成决策性管理会计的基本框架要在现代管理科学的指引下，以“决策会计”和“执行会计”为主体，让“决策会计”成为主要指导。它将原有的执行性会计系统的局限性打破，从广度和深度的方面都实现了重大进展。

其次，随着科学技术飞速发展和社会经济发展，现代管理会计在各领域都取得了重要创新和进展。

①在管理会计中引进和应用了行为科学。

②从社会价值链优化的战略管理会计开始进行考虑。

③建立起服务于正确实施全球发展战略下的国际管理会计。

④建立起服务于正确实施可持续发展战略下的环境管理会计。

⑤开始考虑到企业与金融市场互利共生的资本成本会计。

⑥结合技术和经济条件，形成目标成本计算和与之相联系的成本计算。

⑦企业管理向作业水平发展，形成作业成本计算与作业管理。

上述每个领域的创新和进程发展，都使得现代管理经济在深度、广度和高度上都到达了新的层次，且还有三个相应的特点，分别是：指标的应用应当确保滞后性要向前导性转变；提供的信息要求对内深化和对外扩展共同发展；所涉内容要更向学科化递进。

3. 后现代管理会计阶段（20 世纪 90 年代初至今）

《后资本主义社会》一书中强调，知识社会实质上就是后资本主义社会，而使得知识经济逐渐变成后资本主义经济的，归根结底是知识中的准公共产品具有一定特性。后资本主义社会经济增长的源动力是知识的创新和运用发展，并不是传统的资本家进行投资的，这点跟资本主义社会有着明显不同。

进入后现代之后，管理会计领域的发展创新更为明显。在 20 世纪 90 年代后，管理会计的创新逐渐从首要关注技术方法，转移到优先关注思想观念上，这是因为管理会计在思想观念创新的全局性、根本性、长远性的方面都要比技术方法创新略胜一筹。思想观念的创新还为相关领域技术方法上创新的详细应用提供了极大的导向作用。这种导向让很多在第一线工作的专业人员都在局部摸索中加快找到正确的道路，少走了许多弯路，这也和上面讲过的工匠和学者的关系不谋而合。

这里所阐述的管理会计在思想观念上的创新，也是作为基本出发点重新对管理会计的特性进行了认识。管理会计是决策支持系统中的一个重要分支，是管理和会计相结合并融为一体的专门领域，作为子系统在管理信息系统中存在。

传统对于管理特性的认识是具有双重性的，说它既是科学，又是艺术，但两者之间可能会因为强调方面的不同而触发一些相关问题。

在强调管理科学性的同时，一定会强调的有管理决策是不是做到了最优、计算的准确性、如何应用复杂的数学方法与计算机信息处理技术的神奇功能。这样的思路顺序下来，在表达上是联系紧密并理所当然的。管理的科学性一直作为西方管理学界的主流思想是在 20 世纪 80 年代之前，当时的管理决策奉行的准则是最优化，并对管理学中复杂的数学方法应用非常重视，管理科学的数学热在那时形成了高潮。重要的改变是在 20 世纪 90 年代以后，管理学大师彼得·德鲁克首先带领人们认识到管理中艺术性的重要作用，强调管理的自由度很大，是作为一种艺术而存在的。重点强调了衡量一种事物比去计算它更为重要，还要注意精确性和认知性。精确性的重点在于对细节量的描述，而认知性重点体现了整体的质的把控。前者是科学思维，后者则是人文思维。20 世纪 90 年代后，一个重要的发展趋向表现在，对管理特性进行重新定位后致使其思想观念的创新，也就是科学观逐步朝着人文观发展。

具有里程碑意义的《平衡计分卡》于 1996 年出版后，在很大程度上影响了理论界和实务界，世人对其也给予了相当高的评价。在这之中，它体现了当前和未来、战略和战术、内部条件和外部条件、财务衡量和非财务衡量、经营目标和业绩评价等"五个结合"，体现了不管是从实际应用方面还是理论认识方面，它都已经超越了曾经传统意义的会计局限，实现了全新突破，是后现代管理会计发展到现在这个阶段后取得的一项重要的综合创新成果。

（三）在"决策支持层面"管理会计取得的进展

管理会计师作为决策支持系统中非常重要的参谋人员，在现代管理会计阶段完成了执行性会计向决策性会计的转变之后，开始从事的就是决策下的研究工作，最重要的职能则是，向决策人员在系统中提供相应的咨询服务。为了能成功提高企业决策和管理水平，就要将参谋人员的智慧和决策人员的善于判断相结合，实现真正的优势互补，发挥其最大效果。在管理的发展史上，管理体系中决策模式的发展是随着条件和环境的变化，由低级阶段向高级阶段发展，以及人类认识水平的不断提高，决策支持模式自然也会提高。

1. "成本会计"阶段的决策支持模式

在这一历史时期内，基本上可以说占主导地位的一直是卖方市场，企业的经济活动和关系还都相对简单，生产规模并不是很大，企业之间的竞争还不算激烈，企业内部和外部的条件和环境都没有明显的变化，从而导致在整个管理体系中，决策的地位还没有发展到应有高度。这种情况下一般是管理人员依靠自己的直觉和经验进行决策的，具有很强的主观随意性。但影响企业管理人员的经验型决策，跟会计系统中的成本会计所提供的数据是没有直接性关系的。

2. "现代管理会计"阶段的决策支持模式

这个阶段中，形成和发展的现代管理科学，对于决策性管理会计在理论和技术方法上的发展产生了重要影响，且加快了科学观决策模式的形成和应用。其中，现代的管理科学包括了预测、运筹学和决策科学等等。强调决策目标遵循最优化的发展准则，要从客观、理性的角度出发，在一定条件下寻求解决目标函数最好的方法，这就是科学观下决策模式的最主要特点，是将重点侧重于分析性的技术方法上的决策模式。这一模式将建立难以破解的数学模型为核心，采取严谨周密的数量方法进行分析，解出数学模型的答案并以此引出相关的基本理论。

与此相一致的，管理会计师作为决策支持系统中的参谋者，要将工作的重点放在通过对资料的加工和改造，并按照研究问题的具体特点，找到有关变量之间相互制约和依存的关系，便于建立相应的数字模型；利用该模型严密地对研究对象进行定量描述，掌握相关变量之间直接或间接的关系；再将数学模型与最优化的技术进行结合，明确在一定条件下变量的最优数量关系，为能得到决策目标的最优解提供信息支持。

3. "后现代管理会计"阶段的决策支持模式

等到了后现代管理会计这一阶段，人文主义思潮逐渐兴起，物本管理也转变为人本管理，将人类的积极性、主动性和创造性在管理中有所放大，也被要求将人文观的决策模式在决策中实行。

上面所讲的科学观的决策模式是不能等同于人文观的决策模式的，不同之处表现就是决策目标之前推行的最优化准则被满意性准则所替代。意思就是决策者的出发点是主观理性而不是客观理性，在出发后寻找的是让自己能够满意的解而不是最优解。我们在日常生活中，决策的方式也要按照满意性的准则发展，但要注意的是可以适当地在定量分析时运用数学模型，不应将其引入极端。决策者的分析是数学模型的定量分析，在此基础上要学会善用自己的知识、准确的判断能力、经验的积累和对数学模型产生的结果进行全方位的分析和评价，目的是为了实现决策者的推断和体现出智慧，能发挥和取得更加深刻、全面的知识水平。

人的因素在社会经济的系统中始终居于主导地位。决策的覆盖范围越广、层次越高，情况就会越复杂，其不确定性、战略性和非规范性就越强，这种发展下的决策和决策支持人员的非凡并具有远见的观察力，包括由此产生的常人无法企及的综合判断能力的根本性判断就越准确。为了适应人文观决策模式的要求，在支持系统中新型的管理咨询专家应首先注意，协助决策系统中的专业人员实现目标满意化中的满意性准则，相对来说自由度是很大的，它并不要求在定量上要严格精确，而是要有思辨定性。并且要求那些新型的管理咨询专家在决策目标的分析中，要事先制订多种可以选择的方案，对数学模型的定量分析进行参考比对。相关的工作人员也应积极地、独立地自由发表意见，分析已经制订了的方案，并对此进行论证、对比得失，接着以分析出的结果作为基础综合分析，让决策者在决策目标中选择最正确的一个，找到满意的解。上述的这一过程展现了决策具有人本精神，在管理决策支持上的决策支持系统除了信息支持，还存在更多方面的支持，比如智慧支持和扩展到层次更深的知识支持等。其中，创新性思维的作用是最重要的。

思维科学对于人脑思维方式的研究分为两点，就是逻辑思维和形象、灵感思维。逻辑思维的特点是其严密性的存在，要遵循逻辑思维的规则进行信息定量处理，电子计算机信息处理技术是要比人脑做得快和做得好的。但创新性思维不同，首先它是自由度很大的形象思维和灵感思维的结合并升华，在当今社会面对创造性思维，电子计算机的处理技术已经没有那么好用了，最后还是要依靠专家。决策咨询才是对整个决策程序来说最重要的，信息技术连决策行为都无法取代，更不要提取代决策咨询了。

因此，将现实经济生活的决策过程推进到更高境界和更深层次的人文化阶段，要重视决策人员和支持人员的智能判断、感悟以及满意性准则的实施。

第二节　管理会计在企业中的应用环境及发展特点

一、管理会计应用的政治环境

管理会计是追求管理与会计有机结合的一门学科，与关注外部使用者的财务会计不同，管理会计是关注企业内部对会计信息的使用，即对这些信息进行整理、筹划、对比、分析，支撑企业各级经营管理人员，据此对日常发生的一切经济活动进行预测、规划与控制，对实际执行结果进行评价与考核，并帮助企业高层在企业价值链系统、管理决策系统中做出各种顶层设计与决策。发展管理会计是提升企业管理水平、推进国家治理的现实需要，也是促进市场在资源配置中起决定性作用、打造中国经济升级的时代要求，更是深化会计改革、推动会计事业发展的重点方向。为此对管理会计在企业中的应用环境进行深入了解和研究，以达到认识环境、评估环境、利用环境、改善环境的目的，为各单位发挥管理会计的作用提供环境方面的策略。

新一届政府对管理会计的重视，是我国有史以来绝无仅有的，从2013年起，管理会计得到了财政部的空前重视，财政部开始下大力气推动管理会计的发展。从某种程度上说，2013年是"中国管理会计发展元年"。我们应在管理中、在内部挖潜中寻找效益，要努力发展管理会计，加强并督促管理红利的释放。2014年，财政部在各个场合强力推进管理会计理念。可以说，2014年财政部会计管理工作的重中之重是推进管理会计的发展进程。同年，在7月18日召开的由中国会计报举办的"推进国家治理，释放管理会计新动力"主旨研讨会上，提出了"打造中国特色管理会计，助推国家治理能力提升"的新理念。

管理会计从属于会计，是会计的重要分支，是主要为单位的内部管理需要进行服务的，这里的单位包括企业和行政事业单位，是利用了相关信息，将财务和业务活动进行了有机融合，是作用在单位的规划、控制、决策和评价等方面的管理活动。贯彻和落实全面深化改革的重大决定并推动国家治理体系、实现治理能力现代化的重要举措，就是推进管理会计的飞速发展的强大动力。这对于完善并推动现代企业制度、加强事业单位的治理以及推进行政事业单位预算和决算评价及绩效管理等具有极其重要的作用。

2014年10月27日，社会各界盼望已久的《关于全面推进管理会计体系建设的指导意见》（下称《指导意见》），由财政部正式对外颁布。该《指导意见》是我国管理会计体系建设的顶层设计之作，它开启了会计改革与发展的新篇章，表明了中国特色管理会计体系的建立已经迈出了坚实的一步。

2015年，为贯彻落实《指导意见》精神，财政部会计司从以下六件实事着手，积极推进管理会计体系建设。一是加强管理会计的宣传工作，营造贯彻落实《指导意见》的良好环境，要积极推动并在各地掀起广泛研究和应用管理会计的热潮；二是要组织管理会计开展系列课题研究，对管理会计进行系统性的研究，并能努力深入地对我国管理会计事务进行全方位了解，为管理会计建设体系奠定了基础；三是可以展开有关管理会计在全国范围内的征文活动，在管理会计的研究和应用上起到积极推动作用；四是要研究应用指引体系的结构，并根据研究出的问题制定管理会计的基本指引，进一步确定管理会计的原则和基本概念等；五是选择在几个典型企业中进行深入调研，以便对其进行总结，提炼案例库中建设的规范格式文本；六是选择钢铁企业，要选择那些成本管理基础好的、想要快速提升成本管理水平的，再进行研究制定钢铁行业产品成本的核算制度。3 月 30 日，财政部发起了管理会计征文活动，推动管理会计的讨论热潮，调动社会各界的积极性，高度重视并推动中国特色的管理会计的体系建设。12 月 29 日，财政部再次重磅出击发布了《管理会计基本指引（征求意见稿）》，将管理会计普遍规律上升到标准的用意不言而明，使管理会计迎来新的时代拐点。政府对管理会计前所未有的高度重视，奠定了我国当前推进管理会计在企业中有效应用的最佳政治环境，也是管理会计春天来临，并得到如期发展的真实写照，更是各单位推动管理会计发挥积极作用的最佳契机。

二、管理会计应用的法律环境

自改革开放以来，特别是 1985 年 5 月 1 日《中华人民共和国会计法》的颁布施行，我国已逐步形成了以《会计法》为导向，以《企业会计准则》为主体，以企业内部会计制度为补充，建立了与国际趋同的企业会计法律框架体系。在这个过程中，由国务院颁布了《企业财务会计报告条例》《会计专业职务试行条例》和《总会计师条例》等会计行政法规，从而对《会计法》中有关财务会计报告规定进行了必要的细化和补充。

财政部门则主导了两次会计准则的重大改革，使当前的企业会计准则跟上了国际步伐，大大提高了会计核算质量，为提升企业在国际市场上的竞争力作出了重大贡献。所有这些举措，为管理会计的合理应用和有效使用，提供了大量优质信息、相关信息、适当信息、可靠信息，成为管理会计推进最有效的保证。事实上，这些法律、法规和规章，大多也包含了很多管理会计的信息，比如预测分析、投资决策、全面预算、存货控制、成本控制、业绩评价、信息技术在管理会计中的应用等等，都有零星涉及或者零散记载。如《会计法》第二十七条第二款中表明，应当明确对重大对外投资、资金调度、资产处置和其他重要的经济业务的决策和所执行的相互制约、相互监督的程序，强调了决策程序。而系统的、全面的、有针对性的，与管理会计紧密相关的法律法规几乎是个空白，这极大地制约了管理会计的发展，导致改革开放三十多年，管理会计领域依然缺乏理论体系、技术方法的应用面较窄、信息化难以支撑等等，这些问题都严重影响了管理会计在我国的发展。

2014 年，十八届四中全会通过了《中共中央关于全面推进依法治国若干重大问题的决定》，标志着我国的法治建设将跨上一个新的台阶。这也为管理会计的法制化建设提供了强大的法治基础。当年 11 月 14 日，财政部借法治建设的春天，经过近半年的酝酿，在广泛征集社会各界意见的基础上，制定并发布了《关于全面推进管理会计体系建设的指导意见》的纲领性文件。这一举措，开启了会计改革和发展的新篇章，初步填补了管理会计制度建设的空白，为我国管理会计指导工作的系统开展奠定了法治基础，表明了我国管理会计领域迎来了最好法制时代。

2014 年年末至 2015 年年初，总量达七篇的《关于全面推进管理会计体系建设的指导意见》系列解读陆续面世，解读强调建立全面规范、有机发展的管理会计体系，在内部预算、内部成本、内部绩效、财务人员管理、内部资源配置等方面都对管理会计提出了新的要求，全面深化了社会对《指导意见》的认知和了解，强化了管理会计的重要性和地位，促使全面推进管理会计体系建设的时代感和紧迫性上升到了全社会认识的高度，保证了以理论体系、指引体系、人才队伍建设、信息化建设为主体，同时推动管理服务市场发展的 4+1 的管理会计体系基本框架设计的形成和推广。为最终于 2015 年 12 月 29 日出台的《关于征求〈管理会计基本指引（征求意见稿）〉意见的函》奠定了理论基础和发展基础。2016 年注定是我国管理会计法制环境的"繁华盛世"年，2016 年 6 月 22 日，随着财政部关于印发《管理会计基本指引》的通知（财会〔2016〕10 号）尘埃落定，我国管理会计法制环境进一步改善。由此，管理会计由"纸上"到"地上"，企业由"理论"到"实操"，管理会计的一系列活动将有法可依，有章可循，企业学习和应用管理会计初步有了方向，有了指引，有了系统完整的政策依据。管理会计在我国至此迎来新的时代。

三、管理会计应用的经济环境

改革开放 30 多年来的经济发展速度有目共睹，管理会计的内在重要性在我国也正是随着经济的不断发展而被认识、被挖掘、被拓展。虽然目前国家面临着经济持续下行的压力，但或许正是因为经济下行将逼迫我们更加关注企业的内部挖潜，促使单位更加重视开源节流，更加重视全面预算、成本控制、存货控制、资金支出控制、绩效评价等，管理会计的经济环境正在深刻地发生着一些变革。随着我国企业低成本时代的过去，竞争优势的赢得必须建立在效率和管理的基础上。如果管理得不到高水平的财务和会计的强力支撑，那么这个管理只能是一个非常笼统的概念上的管理，没有具体的可操作性。所以，我们必须提高管理会计的战略地位，只有从战略上大力发展管理会计，才能进入真正的管理时代。

当前，市场环境越来越复杂，国内外竞争越来越激烈。我们传统管理会计的局限性日益凸显，难以满足企业发展需要。所以管理会计转型，首先就是要从原本基于会计的管理向基于战略的管理转型。原本不管是预算还是业绩评价等，都是基于会计去执行的，今后要纳入战略范畴，从战略范畴去看问题、去解决问题。其次是从原本基于战略的知识型的管理会计向驱动战略变革和组织变革的管理会计转型。面临市场挑战的变化，不能再像以往一样由领导个人决策，应该发挥员工的集体智慧，参与到企业决策中。最后是第三个转型，即从传统控制型管理会计向价值创造型管理会计转型。控制的出发点是让组织按照管理层制定的路线去不折不扣地执行，但在执行过程中，企业可能会遇到外部风险和环境因素的动态变化，需要去不断地实时调整，应该给员工更多的自主权，才能更好地发挥潜能，创造价值。

随着世界经济一体化进程的加快，企业必然将越来越多地面临来自国内外的竞争压力，市场环境必然将越来越瞬息万变，经营条件必然将日益复杂。所有企业都将面临同一个问题，如何在激烈的竞争中立于不败之地。企业应扩大其眼界，如果总将眼光放在企业内部，关注内部效率的提高，这显然是不对的。企业的内部效率在双方市场给定的情况下，若是不能将市场转化为效益，企业就会在竞争中难以生存下去，最坏的情况还会面临破产，最终输的一败涂地。企业只有在保持内部效益的情况下还重视外部市场的发展，时刻观察竞争对手的一举一动，做到知己知彼，始终保持竞争的优势，确保万无一失才能百战百胜，为企业自身谋求生存发展的机会。这种经济发展环境下，管理会计作为决策支持系统是需要具有战略性的，只有这样才能在企业管理上升到战略层次之后还能站稳脚跟。管理会计的战略性，要求管理会计提供关于竞争对手和企业外部市场的信息，为实现竞争优势而协助企业制订和实施战略计划。在当前经济环境下，具有战略性的管理会计，通常更能给单位和企业带来实实在在的收益。

2015 年，管理会计逐步从国家顶层设计走向地方，从理论宏观指导走向企业的实践。管理会计再也不是一纸空文，越来越多的企业、越来越多的地方财政部门意识到管理会计的重要性。北京、湖北、浙江、山西、湖南、天津、上海、江苏、山东、福建、辽宁、陕西、广西、云南等地方财政部门已经在纷纷搭建管理会计体系，逐步推进管理会计体系实战落地，企业的管理者、学术界、行业协会和相关政府部门等各方面要各自管好所负责的领域，共同面对，为推动我国的管理会计事业的发展做出自己的贡献。当前我国经济面临新常态，迫切需要进行供给侧改革，去杠杆、去库存和去产能，是当前许多企业管理会计面临的头等大事，需要运用大量管理会计的知识，比如战略管理知识、投融资管理知识、风险管理知识、预算管理知识、绩效管理知识、成本管理知识、营运管理知识、信息化知识等都跟管理会计息息相关，都是管理会计的重点领域，自然成就了管理会计最能发挥其所长的时代。我们应充分认识目前的社会经济环境，合理组织实施推广管理会计，使管理会计的有效应用与当前的经济环境，特别是中央倡导的供给侧改革相适应，既是明智的选择，也是时代的需要。

四、管理会计应用的内部环境

管理会计有效应用的企业自身环境属于内因环境范畴，也是衡量和评价管理会计应用效果的决定性因素，包括规章制度建设、管理人员素质、企业管理基础工作等。

（一）制度建设是管理会计应用的前提条件

我国企业规章制度建设在理论上几乎已与国际接轨，可能在执行的时候还存在一些差距，比如制度往往对企业高层没有约束力，影响制度的效率和效果。而与管理会计密切相关的规章制度虽然不是很完善，但已有许多尝试，比如已制定了《企业全员预算管理制度》《企业投资决策管理制度》《企业筹资决策管理制度》《企业成本费用控制制度》《企业存货管理制度》《企业现金管理制度》等，这些制度有效保证了管理会计在企业中的地位，也为企业创造了一定的经济效益。例如，在经济责任制中将厂内的经济核算一并纳入，让责任会计以企业内部的经济责任制作为基础体系。经济责任制构成体系，在众多企业中实现厂内银行和责任会计，使责任会计进入高潮阶段。应用和推进这些制度的核心是最终成本的内部责任会计可以起到提高资源的使用效率、降低成本的作用，管理会计实际上是包含了内部责任会计范畴的。但是把这些制度上升到内部控制层面、战略管理层面，似乎还有一定的距离，除了上市公司和大型、特大型国有企业外，很多中小企业特别是民营企业，显得十分欠缺和贫乏，甚至几乎没有应用管理会计的理念为企业服务，所以抵抗风险能力也相对比较薄弱，向管理要效益也几乎是一句空话。可见，加强规章制度建设的步伐，特别是管理会计制度建设的步伐，是提高管理会计在企业中的作用，完善管理会计在企业中应用效果的前提条件。

（二）人员素质是管理会计工具的实施保障

改革开放以来，我国造就了大量跟国际接轨的优秀管理人员队伍，但从目前山西塌方式腐败导致很多老板面临牢狱之灾或者企业破产的遭遇，我们不难发现，管理人员素质参差不齐的现状，社会称很多低素质的老板为土豪，其实就是一个鲜明的例证。人员素质高，对管理会计的全新理念接受和执行的能力就强，素质低，接受和执行的能力就弱。而以往我们在培训管理人员的时候，除了财务会计人员，很少让其他职业的管理人员参加管理会计培训，而管理会计在企业中的应用，其实是全员的，比如预算，就是要明确分解到部门、车间、班组、甚至个人的，需要全员对预算的理解和执行。人是企业环境中执行管理会计效果好坏最为重要的因素，采取系列措施加强人员素质提升，就是当前推进管理会计建设的首要任务。以前只对财务会计人员培训，转型为对全员管理人员的培训，以提高各单位管理人员对管理会计的认识和理解，赢得各管理人员对管理会计的支持和推动，保障企业中最为重要的资源，就是人员素质符合管理会计发展的需要。

（三）管理基础工作是管理会计应用的基石

企业管理基础工作是企业为了实现经营目标和管理职能，是提供资料依据、基本手段、共同准则的前提条件下要专门进行的、必不可少的工作。企业管理好像一棵大树，基础工作是树根，只有根深才能叶茂。会计能够提供的资料依据就是真实可靠的会计信息，而管理会计能够提供的资料依据就是根据真实可靠的会计信息加工而成的预测、计划、控制、评价等信息资料。不可否认，当前会计信息失真现象比较普遍，所以可以想象，根据失真的会计信息加工而成的管理会计信息，其真实性可能也要大打折扣，用这样的信息供企业领导层决策，显然是不可能正确的，其支撑力度也是有限的。所以，要在企业大力推进管理会计的实施和应用，必须让会计信息质量提高，只有会计信息质量的提高，才能提升管理会计的应用和实施效果。

五、现代管理会计新发展的特点

到了 20 世纪中期，管理会计已经完成了由执行性管理会计转变为决策性的管理会计，之后一系列的新进展和创新蜂拥而至，从深度、广度和高度上使现代管理会计上升到一个新水平。接下来将对现代管理会计新发展的五个特点进行阐述，再在此基础上，重点阐述知识经济条件下管理会计的新特点。

（一）现代管理会计新发展的主要特点

1. 对内深化与向外扩展并举

现代管理会计体系的一个全新领域就是战略管理会计。它围绕着本企业、竞争对手和顾客组成了战略三角，站在战略的高度，既能战略审视企业内部的信息，还能为对手和顾客提供有关战略的外向型信息，从而使企业的领导能够知己知彼，在全局上战略性思考进行把握，才能按照这些信息制订和实施竞争战略布局规划。为了让战略方法能够得以顺利实施，要将企业的总体竞争战略结合企业内部的各单位、层次和环节的战略制订，融入并贯彻先进的、崭新的管理技术。如此一来，企业战略目标就能顺利实现，并且非常有效。将上述的方法相互结合并且合为一体的做法，就是现代管理会计研究内容的对内深化和向外扩展的真实体现。

此外，对内深化和向外扩展还能从另外一个方面进行体现，那就是对产品生命周期的成本进行计算。这种方式有利于综合判断产品生产者和使用者成本的关系，推动了整个社会资源的使用效率和优化配置，它是一种不仅要对产品生产者的成本进行估算，还要对产品消费者的成本继续估算的计算方法。从中不难看出，它不再是只从传统的产品生产企业看待成本问题，而是逐渐扩展到可以从产品使用者的角度看待成本问题，实现二者同步，从而也实现了成本的企业观转变为社会观。

目标成本的计算法，是首先按照产品是否满足顾客需求，找到一个营销价格作为目标售价，要求是能让顾客接受并满意的，紧接着再以目标售价为基础，为明确目标成本，对企业要求达到的目标利润进行扣除。这是一种按照市场的导向制订产品成品目标的方法。应当强调把研究、设计和开发产品投产前的前期阶段作为降低成本的重心，并按顺序将制定成本的目标设定为研究和开发人员、生产人员和设计人员等，这也是目标成本计算法的核心所在。

2. 从滞后性向前导性转变

管理会计在应用指标上和财务会计是不同的，管理会计的重点是面向未来，而财务会计的重点则是回顾过去。这也是为什么管理会计的所用指标要从滞后性转变为前导性，能帮助管理人员筹划未来，在企业管理中更好地发挥其应尽职能；而财务会计的应用指标，从根本上就是历史性和滞后性的。

3. 货币性与非货币性相结合

现代管理会计的应用指标在计量的方式上看，并不是同财务会计那样把货币计量作为唯一标准，而是结合了货币计量和非货币计量两个方面。财务计量形成指标后，可以对在一定期间内企业的财务成果进行综合反映，主要可以体现在：现金的流入和流出动态和存量的占用情况；经营成本、收入、利润；企业资金流动和偿债能力等。人们认识客观事物的基本方法，就是综合和分析相结合，并可以以此为依据，综合性地评价企业生产经营在一定期间里获得的全部收益。财务重量和非财务重量分别重视综合与分析，综合和分析的相互结合，可以让人们进一步掌握综合性成果，使非财务性因素在深层次中形成并起到相关作用，进一步提高了人们的认识水平。

非财务指标体系的形成是持续发展的，这与企业性质和所处条件与环境密切相关。非财务指标体系的组成和上述两方面相适应，基本上可以分为以下三方面。

（1）顾客导向

顾客的导向分为直接方面和间接方面。对顾客需求快速反应的灵敏程度、顾客的满意程度和售后服务的质量及顾客反应、和上下游做到协作配合的完善程度等，这些是直接方面。间接方面就是科技和产品开发的超前性、生产系统的灵活性，产品发展新品种并进行投产的次数等。

（2）以人为中心

以人为中心包括的内容有，人才开发要有超前意识，生产中技术装备的水平及其安全性，员工学习要有团队精神、有较高的积极性并能做到知识共享和发挥创新精神。

（3）综合方面

综合方面包括了企业所要求的战略定位，在这之中有哪些竞争优势，企业的信誉和社会形象如何，企业形成和发展核心生产的核心能力，还有社会责任的履行。

4. 学科性质趋向多学科化

现代管理会计是高度综合的"软科学"的分支，核心是决策研究。由于管理的核心和首要职能是决策，所以现代管理会计从事的决策研究就成了一个专门领域和管理相融为一体。其性质是随着现代化管理的性质转移而改变的。

现代管理会计的相关学科由上层、中层和基础层三个层次构成。其中上层的相关学科指的是社会科学和人文，包含了哲学、艺术、文学和历史。

5. 决策支持从科学观向人文观转变

在前文已经提到过，管理的前提是决策。领导者和管理者的首要职能也是决策。因此在整个管理体系中，管理决策起到了主导的作用并占有重要地位。

20 世纪中叶，管理会计在理论和技术方法上产生了深刻的影响，表现在现代管理科学的形成和发展，以促进科学观决策模式的产生和广泛应用。人的知识在 21 世纪知识经济时代到来后显得尤其重要，是属于占有主导地位的生产要素。新时代要求在管理中能够充分发挥人的积极性、主动性和创造性，还要在决策模式中要求实行人文观。

（二）知识经济条件下管理会计的新特点

1. 知识经济管理基本特征

知识经济是新的社会经济形态，是在高度发达的工业经济之后形成的。工业经济的主要内容中居主导地位的是材料和能源，相关的产品生产主要是集成资源。知识在居于经济时代的主导地位之后，人们才开始意识到要想物尽其用，就必须做到人尽其才。产品的生产最主要因素已经由集成资源转变为集成知识，知识的含量越高就说明价值越大。在生产要素方面，工业经济向知识经济的转变，就可以看成是资源依赖型经济向知识依赖型经济的转变。并且，因此而产生的知识经济管理的基本特征，是由管理特征中的物本管理逐步发展为智本和人本的管理。管理思维方面也是由科学思维转变成了人文思维。

2. 管理会计的新特点

在新的历史条件之下，适应于以上的知识经济管理的基本特征，管理会计逐渐显现出新的特点，主要体现在以下方面。

（1）开创管理会计新方法论

要努力适应智本管理在知识经济时代的要求，并从管理特性的新认识出发，遵循其艺术规律，创造出新的理解方法。这种新方法可以大致概括为三个"并重"和三个"重于"。三个"并重"主要包括量化和非量化并重、货币计量和非货币计量并重、量化的各种形式并重。三个"重于"包括了认知性、衡量和悟性重于理性。

（2）决策支持模式从科学性向人文观转变

决策支持系统中的参谋人员包括管理会计师，工作内容主要是从事决策的研究，并且能够帮助决策者提供咨询服务，使其在决策系统中准确、有效地进行决策。在不同的决策模式下，决策支持有着不同的特点，因此这就要求了决策者要完全适应"管理决策"的要求。

让物本管理深入管理决策，其决策目标就要按照最优化准则进行发展，其科学语言是应该以精确的定量为基本特征的，然后在一定条件下，再接着寻找目标函数的最优解。

让人本管理深入管理决策，其决策目标就要将最优化淘汰，取而代之的就是满意性准则。满意性准则的自由度较大，它不向最优化那样需要精确定量，而是要思辨定性。所以它更多的是要管理会计师按照人文观的决策模式，始终围绕决策目标，通过相关人员独立地、自由地发表意见，最终目的是找到决策目标的满意解法。

第四章　当代管理会计的新发展——战略管理会计

战略管理会计是基于经济全球化和国际性经济竞争日趋激烈而形成的管理会计的新领域。它是一门新兴的交叉科学，将管理会计与战略管理融为一体。战略管理会计的兴起既丰富了会计学科的内涵和外延，也进一步促进了企业之间科学的竞争及其经济资源的有效配置。

第一节　战略管理会计的基本理论

一、战略管理会计的目标

从系统论可以得知，系统良性循环的前提即正确的目标。对于战略管理会计的目标而言，即指战略管理会计的预期目标，它在一定程度上保证了战略管理会计系统的正常运行。在战略管理会计认知方法体系中，目标处于最高层次，它是决定战略管理会计的本质、对象、假设、原则、要素和方法的基础。所以，首先应该明确战略管理会计的目标。一般来讲，我们可以将战略管理会计的目标分为以下三个层次：最终目标、直接目标和具体目标。

战略管理会计的最终目标应与企业的总目标相一致。利润最大化是传统管理会计的最终目标。尽管利润最大化目标可以在一定程度上加强企业的管理与核算，然而它不仅没有考虑企业的远景规划，而且还忽视了市场经济条件下的风险。为了克服以上利润最大化目标的弊端，战略管理会计应该从企业的长远发展出发制定目标，同时还要对风险和报酬之间的关系加以权衡。

自 20 世纪中叶以来，大部分企业都将自己的总目标定位于价值的最大化，这主要是由于它规避了利润最大化的弊端，并且对货币的时间价值和风险因素也予以了充分的考虑，在一定程度上对社会财富的稳定增长起到了促进作用。企业价值综合表现了企业现在与未来收益、有形资产和无形资产等。所以，战略管理会计的最终目标也是企业价值最大化。

二、战略管理会计的特征

（一）外向型的信息系统

现代管理会计是面向企业内部的信息系统，为企业的内部管理提供服务，企业在市场竞争不激烈的情况下，只要尽力使自身的成本降低，劳动生产率提高，那么就能在市场上站稳脚跟。

所以，现代管理会计致力于收集、分析和纵向比较企业的内部信息指标，并没有关注外部环境和竞争对手的情况，只提供了单个企业的数据，而没有提供企业的优势与劣势。战略管理会计从战略的高度出发，没有局限于企业这一环节，并且还研究了整个行业链中企业之间的信息，从而能够更好地对企业的经济环境加以改善，注重协调企业的发展与环境的变化，从而实现企业的效益最大化。

（二）提供多元化的信息

尽管传统管理会计也能够提供一些非货币性信息，但是从其现有的作用看，人们并未给予足够的重视。所以，战略管理会计充分重视并反映了一些非货币性信息，从而能够更好地弥补传统管理会计的不足之处。这主要是因为在企业的战略决策中，非货币性信息发挥着至关重要的作用。

例如，产品返修率直接反映了企业产品的质量水平。所谓"质量"，在市场经济模式下，不仅意味着最终产品的各项指标与原设计完全一致，而且也意味着产品能够满足消费者对这类产品的需求。所以，产品返修率较高在一定程度上说明了产品的最初设想有缺陷。所有这些非货币性信息常常是决定企业战略管理至关重要的因素。战略管理会计提供的信息必须具有多样性、完整性，才能为企业成功地进行战略管理提供信息和智力支持。

（三）注重长远性和全局性

对于现代管理会计而言，其服务对象为单个企业，注重在有限的会计期间内追求企业的最大化利益。它所提供的信息在一定程度上对企业短期经营政策的提出以及经营管理水平的提高起到了促进作用。

对于战略管理会计而言，却注重实现整体最大化利益，从而实现企业的长期发展。当企业间竞争逐渐上升到全局性战略竞争时，企业家们开始关注这些问题：抢占市场份额、追求长远利益目标等。战略管理会计已经突破了单一会计期间的局限性，注重从多期竞争地位的变化中对企业未来的发展方向加以把握。它更注重取得并保持企业持久的竞争优势，甚至会牺牲一定的短期利益。

所以，战略管理会计的研究重点逐渐向市场份额转变。战略管理会计不仅要获取与市场份额相关的信息，而且还要对其变化情况予以关注；不仅要关注本企业的市场份额，而且还要对竞争对手的市场份额予以关注，同时还要在报表中进行列示。

战略管理会计信息分析是从整体利益出发的，对于局部的得失并不关心，更不会用集团利益与成员企业的利益进行交换，甚至有的时候还会因为整体利益而放弃局部利益。战略管理会计着眼于长远的经济利益，大胆地开拓会计主体和会计目标的范围，从而使管理会计逐渐进入一个新的领域。

战略管理是对跨部门决策进行制定、实施和评估的一个循环过程，要想从整体上把握这一过程，那么不仅要制定合理的战略目标，而且还需要企业管理中各个环节的密切配合，从而更好地实现目标。企业管理是通过不同部门的合作来完成的，应该注重实现企业管理的整体目标，各部门之间要密切配合，同时还要有效规避内部的职能失调问题。因此，对于战略管理会计而言，应该站在整体的立场上对企业的战略管理活动进行分析与评价。

（四）采用战略性的业绩评价制度

目前，企业之间的竞争主要集中在以知识和人力资源为核心的综合素质竞争上，智力和技术的投入是投资的基本方向。因此，应该从提高竞争能力出发来评价企业的经济效益，而不能以短期的得失为基础。

与此同时，随着逐渐扩大的智力投资以及逐渐加快的知识创新步伐，物化劳动的转移价值占较小的比重，由于大幅度提升了无形资产创造的价值增值，所以无形资产占据的比重越来越大。因此，这不仅改变了企业的业绩评价尺度，而且业绩评价的重点也发生了相应的改变，逐渐由计算利润向计算价值增值转化，并系统反映在编制增值表中。

三、战略管理会计的基本假设

战略管理会计的基本假设不仅是战略管理会计理论体系的重要组成部分，而且也是实现其目标的条件，同时也在一定程度上指导着管理会计实践。

传统会计是建立在会计主体、会计分期、持续经营、货币计量等基本假设之上的。相比而言，战略管理会计在每一方面大多有着不同的含义。

（一）会计主体多元化假设

会计主体界定了会计活动的空间范围。传统的财务会计和管理会计的局限性是一致的，即会计主体存在局限性，通常只是一个企业或一个单位，单单为一个会计主体提供信息。在战略管理条件下，会计主体一元化假设已经与战略管理会计不再适合，必须进行修正。

战略管理会计的会计主体应该更加灵活，它不再局限于单个企业或企业内各责任单位，还应包括整个企业集团或跨国企业以及企业的外部环境，如竞争对手等。它既可以是上述实体单位，又可以是诸如网络企业那样的虚拟单位，因此，战略管理会计的会计主体不再是单一主体，而是多重主体或虚拟主体。

（二）灵活分期假设

虽然战略管理会计在很多领域还涉及会计分期，但不再局限于传统的分期，比如月、季、年等，而是按照企业的自身情况灵活进行分期，并且借助于信息技术的高速发展，将来完全有可能以事项会计为基础，实现报告的实时性。灵活分期假设即把企业持续不断的经营活动和分析、决策、评价活动划分为一定的期间，从而能够及时、有效地提供一些有用的信息。

（三）持续经营假设

尽管从目前和长远发展来看，随着经济活动的复杂多变，不断涌现出了各种各样的金融创新工具，难免会出现一些企业风险，随时都可能出现企业破产或被兼并。然而，研究战略管理会计理论时，仍然需要规避企业面临的生存风险，并为企业设定一个无限期的经营模式，作为运行战略管理会计的必要前提。所谓持续经营假设，即在可预见的未来，战略管理会计主体不会被清算或终止，企业将无限期地延续下去，只有这样，才能稳定有效地运用战略管理会计的一系列原则和特殊方法。

（四）货币与非货币计量假设

在知识经济时代，社会经济活动中充斥着大量的非货币信息，管理重心也逐渐从有形资产向无形资产转化，从财务资源向知识资源转化。战略管理不仅要利用货币计量的信息，而且还要利用非货币计量的信息。这就意味着战略管理会计不仅要提供一些必要的财务信息，而且还要提供更多的包括产品质量、顾客满意度等在内的非财务信息。

很明显，传统的货币计量手段不能满足这一要求。所以，战略管理会计最科学的选择就是运用多种计量手段。货币与非货币计量假设，即战略管理会计在进行预测、决策、控制、分析和业绩评价时，不仅要使用大量货币计量手段，而且还要使用大量非货币计量手段。目前，财务会计发展的明显趋势之一就是注重非货币计量。

四、战略管理会计的原则

战略管理会计的原则包括基本原则和一般原则。

（一）基本原则

1. 外向性原则

所谓外向性原则，即不仅要考察企业自身的信息，而且还要特别考察企业外部的信息，尤其是与竞争对手相关的信息。

2. 及时性原则

所谓及时性原则，即按照企业内外部的环境变化，及时加工和传输各种管理会计信息。

3. 信息的成本效益原则

所谓信息的成本效益原则，即按照信息成本和信息收益的比较结果，决定是否加工与输出该信息。

（二）一般原则

所谓一般原则，有规划与决策会计应遵循的原则，包括目标管理原则、价值实现原则、合理使用资源原则；还有控制与业绩评价会计所遵循的一般原则包括权责利相结合原则、例外管理原则、反馈性原则。

五、战略管理会计的基本内容

在现代管理会计体系中兴起的一个新领域即战略管理会计。目前，在一些西方经济发达的国家，战略管理会计的发展也处在初期阶段，还没有实现成熟化和标准化。

但由于战略管理会计以本企业为基点，注重对比分析顾客和竞争对手的信息，从而在一定程度上为企业的战略管理提供一定的信息和智力支持，其主要内容包括以下几个方面。

（一）战略目标的制定

战略管理会计发挥作用首先要进行战略分析，而战略分析具体又包括企业外部环境分析（包括宏观、行业、竞争环境分析）和企业内部环境（资源条件）分析。通过收集、汇总和分析各种信息，协助管理层制定战略目标。一般情况下可以将企业的战略目标分为三个层次，其中包括企业战略目标、竞争战略目标和职能战略目标。

（二）价值链分析

价值链的名称最早由美国学者迈克尔·波特在《竞争优势》一书中提出。

价值是资本生产和增值活动通过价值增值的各个环节实现的。价值链是和企业作业联系在一起的，如在钢铁企业"炼铁—炼钢—轧钢"，可看作一条作业链，在这条作业链中贯穿着一条价值链，所以作业链表现为价值链。由此可以看出，价值链的形成过程其实也就是作业链的形成过程。价值链的分析就是指通过考察价值活动本身及其相互之间的关系，从而确定企业的竞争优势的一种分析方法。

在竞争优势的构成因素中，价值活动是最基础的一项因素。所以，分析价值链不仅要分析构成价值链的单个价值活动，而且还要分析各项活动给企业竞争优势带来的影响，并且还要明确各价值活动之间的关系，从而在一定程度上提升企业创造价值的效率，最终使企业具备成本优势和竞争优势。

（三）战略定位分析

一般来讲，企业能够采用的竞争战略有以下三种，即成本领先战略、差别化战略、聚焦化战略。每一个企业都需要根据自身情况，选择恰当的竞争战略，不同的竞争战略，需要不同的成本信息。

（四）成本动因分析与作业成本管理

战略成本管理产生于20世纪80年代的西方发达国家，它是基于现代成本管理观念，以企业整体战略和基本竞争战略为指导，在成本管理中导入战略管理思想，不仅能够提高企业竞争优势，而且还能够进行成本管理。其实质是将成本管理会计的相关信息整合到战略管理周期的各个过程中，从战略高度出发，全面了解企业成本结构和成本动因，控制和改善成本发生的条件，从而能够形成一个长久的竞争优势。战略成本管理注重在整个市场环境中全面考虑企业的成本管理问题，将成本视为产品整个价值链上使用的全部资源的成本，包括研究与开发、制造、市场开拓、销售及售后服务等，涵盖产品完全成本的价值链及主价值链间的联系。它不仅包括整个行业的价值链也包括企业内部的价值链。

战略成本管理注重企业可持续性竞争优势的发展，为了帮助企业确立竞争优势，采用的成本管理制度也应该与企业的竞争战略相匹配，从而使企业能够在激烈的市场竞争中站稳脚跟，赢得胜利。

成本动因是指隐藏在成本背后、驱动成本发生的因素。不同费用明细项目的成本动因不同，需要采用不同的分配标准。作业成本管理是建立在成本动因分析和作业成本法基础之上的，它将企业的所有作业分成两种，即增值作业和非增值作业，尽量避免非增值作业，从而在一定程度上提高了增值作业效率。

（五）服务于企业战略的绩效评价

一般来讲，我们称战略管理会计中的绩效评价为整体业绩评价，它强调绩效评价必须在战略管理应用的各个环节中满足管理信息的需求，从而帮助企业找到战略优势。例如，管理者在形成战略的过程中，应该从各个方面获取信息，而整个绩效评价是通过评价相关客户的需求来帮助管理者做出相应决策的。

所以，对于战略管理会计而言，有效的评价并不取决于财务指标或非财务指标的使用，而是取决于企业发现问题的能力。从战略角度看，通常相比于财务指标，非财务指标更能说明一定问题。

在计划和控制方面，传统的管理会计认为企业能够对自己的目标和财务状况有一个先见之明，所以，控制也就是对"目的地"和"现在所处的位置"两者进行比较。战略管理会计却认为，企业不能确定其未来的发展目标，只知道当前大致的前进方向，不知道接下来将怎样走下去，这与企业获得的最新的内外部信息和经验有很大关系。所以，随着企业逐渐增加的信息和经验，其计划和方向也将发生相应的变化。

因此，整体业绩评价是一个评价指标不断增减的动态系统，它不断地重新组合企业的战略、行动和业绩评价，也就是通过具体的行动来实施相应的战略，业绩评价对实施战略起到了指导作用，并根据实施的结果相应地调整战略和计划。

传统业绩评价主要侧重于财务指标，而利用平衡计分卡进行绩效评价，可以将财务指标与非财务指标相结合，将财务指标、顾客满意度、内部经营过程、学习与增长能力四个维度结合起来。因此，平衡计分卡是实现企业战略的一个重要工具。

第二节 战略管理会计的基本方法

一、战略定位分析

战略定位分析，即按照不同的企业类型和发展战略来确定核心竞争力的方法。战略定位分析决定着企业在赖以生存的市场采用何种武器、以何种姿态来与竞争对手抗衡，以及是否能取得成功。

将战略定位分析与企业环境分析分开，往往会造成一种资源的浪费，这是因为战略定位分析不仅要分析企业的外部环境，而且还要分析企业的内部情况。也就是说，战略定位分析包含分析企业环境。因此，企业环境分析应作为战略定位分析的重要组成部分之一，而不是一个单独的方法。换句话说，企业在进行战略定位分析时，通过分析企业的外部环境，可以判断宏观环境、竞争对手的条件以及顾客喜好等，同时还能识别企业存在的机遇与挑战，有针对性地进行战略的选择，并且还要抓紧一切时机消除危险；通过分析企业的内部环境，可以判断企业对自身资源的占有和控制，从而便于对企业经营的优劣势进行考察。

所以，战略定位分析可以在一定程度上帮助企业审视其内外部环境，实现"知己知彼"，同时还要选择相应的战略，利用优势，化解劣势，从而为企业和社会创造更多的价值。

行业竞争环境对企业战略起到了决定性作用，企业战略必须匹配同行业中各竞争要素的特点。从成本管理的角度出发，战略定位分析即通过分析战略环境，确定想要采取的战略，同时明确成本管理的方向，建立适应企业发展战略的成本管理战略。通过战略定位分析，成本管理才能结合具体的战略，才能充分发挥战略成本管理应有的管理效果。

二、价值链分析

（一）价值链的含义

美国学者迈克尔·波特最早在《竞争优势》一书中提出了"价值链"这一名称。根据迈克尔·波特的观点，每个企业都是一系列活动的集合，包括设计、生产、营销、交货和产品协助，价值链的某个层次是特定行业内的各种活动的组合。

价值链对总价值进行了列示，其中包括价值活动和利润。所谓价值活动，即企业所从事的在物质和技术上有明确界限的活动，同时也是企业为购买者创造有价值产品的基础。

价值可以分为两大类：基本活动和辅助活动。基本活动包括产品的物质创造及销售、转移给买方和售后服务等。辅助活动包括采购、技术开发、人力资源管理和企业基础设施建设。

（二）价值链分析的内容

一般来讲，价值链分析包括以下几个方面的内容。

1. 企业内部价值链分析

一般情况下，可以将企业内部价值链分析分成两部分，即内部成本分析和内部差异价值分析。企业内部价值链成本分析的步骤如下：首先，确定企业产生价值的主要活动；其次，分析各主要活动的成本动因；最后，分析企业的竞争优势。企业内部差异价值分析的步骤如下：首先，确定产生顾客价值的主要活动；其次，对各种差异化策略进行评估，以增加顾客的价值；最后，确定最佳的差异化策略。

2. 行业价值链分析

对于各个行业来说，企业都处在该行业价值链的某个阶段。通过分析行业价值链，我们能够对企业在整个行业中的地位有一个清楚的了解，从而找到切实可行的方法来运用上下游价值链的管理成本。因为各个企业在行业价值链中有着不同的位置和作业链，也就采取了不同的策略。例如，对于上游企业而言，应该以产品为中心，通过不断创新技术、组织和管理等，使企业能够生产出高质量的、各具特色的产品，从而扩大产品的销售量，提高产品的顾客价值，取得比竞争对手更多的利润，同时还要注重配合相关企业，制定自主或外包的战略决策。对于下游企业而言，应该以顾客为中心，有针对性地开发销售渠道。

3. 竞争对手分析

战略管理会计的其中一个特点是它突破了会计主体的局限性，能够在与竞争对手进行比较的基础上提供具有比较性的管理会计信息。企业能否取得竞争优势，在很大程度上取决于如何面对竞争对手。

所谓竞争对手分析，其主要是通过分析竞争对手的价值链，了解当前的竞争形势和企业面临的问题，明确企业相对于竞争对手的成本状况，企业和竞争对手的成本优劣势以及产生这种优劣势的原因。竞争对手分析的内容包括以下几项：企业与现存的竞争对手、潜在的竞争对手竞争；确定竞争对手的价值链以及价值活动是如何进行的；竞争对手的目标是什么，通过掌握竞争对手的具体目标，能够大致判断竞争对手会采取什么样的竞争方式；分析竞争对手存在的优劣势；竞争对手面对外部进攻，他们会做何打算。

（三）价值链分析的作用

价值链作为评价指标有其独特的优势。首先，利用价值链作为评价指标，能够极大地拓展评价的范围，例如，进行投资决策时，不仅要考虑投资项目本身的现金流量，而且还要考虑国家利益和社会责任评价，而这种程度的评价只能利用价值链。其次，通过价值链能够评价企业的非财务信息，例如，顾客可以依据对产品的认知价值来对产品进行定价，但这一认知价值不是具体的财务数据。最后，价值链的表现形式有很多种，其中包括现金流量、产品质量、认可程度等，可以在一定程度上扩大管理会计的研究范围，突破传统管理会计的束缚，从而能够更好地重新构筑管理会计。

三、成本动因分析

（一）战略成本动因的含义

战略成本动因是成本动因中的一种，关系着企业的战略管理。成本动因是引发成本的一种推动力或成本的驱动因素，也就是引起成本发生和变动的原因。然而，传统会计的产量动因和作业成本法的作业动因都在一定程度上忽视了对企业的全局和长远考虑。所以，开始有部分人将规模经济、时机选择、企业政策等战略性因素作为当今企业的成本动因。

（二）战略成本动因的构成

在战略管理会计中，其中一种方法就是战略成本动因分析。从战略的角度出发，企业的经济结构和作业执行程序在一定程度上对企业成本态势的动因产生了影响，从而构成了结构性成本动因和执行性成本动因。这两类动因在不同的战略角度下对企业的成本态势产生了影响，同时提供给企业战略选择和决策等相关方面的支持。

在分析企业的战略性成本动因时，结构性成本动因分析能够在一定程度上帮助企业选择相应战略，提高企业的竞争地位。例如，企业在确定好厂房、设备、地点之后，可以通过生产规模调整、新技术的引进等手段来改变企业的战略。执行性战略成本动因分析能够通过完善企业的现有制度来更好地改善企业的业绩。例如，企业可以在关键的价值链中调整人力资源配置，从而能够大大降低企业的作业成本，提高企业的生产效率，最终实现企业的价值。

四、产品生命周期成本法

（一）产品生命周期成本法的含义

生命周期是指从事物的产生到消亡的整个过程，而产品的生命周期是某种产品从其进入市场到从市场退出所要经历的一个时间跨度。这一期间是站在市场的角度来认识的，它针对某一种产品而言，并非指某特定企业的产品。

产品生命周期成本是指发生在产品生命周期内的所有成本，具体可以把产品的生命周期划分为导入期、成长期、成熟期和衰退期。

（二）产品生命周期成本法的内容

产品在其整个生命周期中，就企业所消耗的资源而言，可以将发生的所有成本分为产品研发成本、产品设计成本、产品生产成本和产品营销分销成本，以及顾客服务成本。这些成本包括了在整个企业价值链上的所有成本，这些成本的驱动因素包括新产品开发策略和营销策略的影响，既有企业经营战略的影响，又有产品市场生命周期的影响。因此可以说产品生命周期成本的发生与企业的战略紧密相连。产品生命周期成本法打破了传统财务会计中的会计期间的概念，以产品整个生命周期为成本核算的期间。产品生命周期法也不受会计准则的约束，不要求采用生产成本法计算成本，而基本采用完全成本法的成本概念。所以，产品生命周期法不仅包括生产成本，还包括采购成本、销售成本和管理费用等。

（三）产品生命周期成本法的作用

产品生命周期考虑了产品或服务整个生命周期的成本，因此为管理者提供了一项全新的长期的视角。产品生命周期的总成本通常划分为三个组成部分——上游成本、生产成本和下游成本。产品生命周期成本法主要有以下几方面的作用。

1.将产品作为成本的归集对象

以产品为成本归集对象，通过对产品整个生命周期内的成本进行归集，能够使管理者了解不同生命周期的成本分布情况，有利于了解每种产品在生命周期的各阶段发生的成本在其总成本中所占的比例。

2. 综观与每种产品相关的所有收入和费用

生产成本在大多数会计系统中都具有十分明确的定义。但产品生产前的成本（成本设计成本）以及产品完工后的成本（顾客服务成本等）往往不能密切联系每件产品。产品生命周期成本法将与每种产品相关的所有收入和费用都纳入考察范围内，全方面控制生产成本。

3. 强调企业功能性成本项目之间的相互关系

对于那些成本设计成本和产品设计成本降低的企业而言，在接下来的生命周期年度内，可能会增加顾客的服务成本，成本增加的原因可能是由于没有达到他们承诺的质量表现水平，这些在以日历年度为期间的收益表中被隐藏的业务功能性成本得以在生命周期收入与成本报表中反映出来。

五、目标成本管理

（一）目标成本管理的含义

在企业管理中，其中的一个重要组成部分就是目标成本管理，同时也是一定时期内企业为了确保目标利润的实现而制定的一个成本控制目标。其本质是一种对企业未来利润进行战略性管理的技术，而相关学者也致力于将它运用到战略管理会计的战略实施中去。

目标成本作为企业目标体系的重要组成部分之一，与企业的其他目标相互依赖。所以，企业在制定目标成本时，不仅不可以盲目地从企业的现状出发，而且还要考虑顾客和市场的需求。在制定成本分解方案时，成本分解不应被视为简单的分解成本任务的过程，而是应该注重多方人员的共同参与，包括执行者、专业人员和供应商等。

（二）目标成本管理的内容

目标成本管理的基本内容是：首先，以企业总战略目标为依据预测产品的目标成本；其次，将目标成本按产品结构或产品形成过程或产品成本内容加以分解；最后，根据分解目标的要求，组织设计、试验、生产准备、材料供应以及日常生产管理和技术管理，从而更好地进行目标成本的管理。

（三）目标成本管理的作用

1. 深化企业改革，转换经营机制

要求企业产权清晰、权责明确、政企分开、管理科学，其实质即落实责任制。目标成本责任制贯彻的关键在于目标成本管理的加强与成本否决的实行。作为企业管理基础和核心的目标成本管理，是一个综合性的系统管理项目。企业要想更好地生产与发展，那么就必须保证产品的质量，同时还要不断完善产品的功能，提高企业的目标成本管理水平，只有这样，企业才能在激烈的竞争中处于有利地位。由此可见，目标成本管理不仅是企业经营管理的中心，同时也是完善企业经营管理的必然趋势。

2. 降低企业成本，提高经济效益

作为企业的综合指标的产品成本，在一定程度上反映了企业的人力、物力、财力等资源的利用情况。产品成本水平不仅密切关系着企业的经济效益，而且也在一定程度上保证了企业的收入水平。

一方面，成本管理的加强是目标成本管理的直接作用和立足点。经济效益是人们在生产经营中支出与收入的对比关系，所以经济效益这一指标不是单独的，而是一个综合的指标体系。对于企业而言，生产经营中的大部分费用都应该包含在产品成本中，而成本又受到企业经营管理质量的影响。因此，成本在一定程度上反映了企业的大部分经营管理工作。

另一方面，经济效益是目标成本管理的中心，目标成本管理的目的是为了提高资本的价值。实行目标成本管理在一定程度上减少了企业的费用支出，提高企业吸收、消化外部不利因素的能力，不仅有效降低了企业的产品成本，而且还在一定程度上提升了企业的经济效益。总而言之，目标成本管理的加强不仅能够不断降低生产成本，而且还可以在一定程度上提高产品的产量和质量，最终提高企业的经济效益。

3. 提高企业的成本管理水平

目标成本管理方法具有全面性、系统性以及综合性的特点，要求各级管理者和各种管理职能发挥好作用，同时要求企业提高整体管理水平。只有这样才能更好地实现目标成本，从而实现经济效益提升的目标。由此可见，实施目标成本管理在很大程度上会提高企业生产、技术、管理水平，提升整个企业管理质量，最终提高企业的市场竞争能力，这是由目标成本管理的特点决定的。

第三节　战略管理会计的兴起与发展

一、管理会计的尴尬境地

20世纪初，管理会计随着泰勒科学管理思想的出现而产生，同时也是会计学的一个重要分支，在企业的生存和发展中起着至关重要的作用。管理会计的职能主要是建立各种内部会计控制制度，编制企业内部管理需要的各种数据，通过制度的执行和数据的分析研究，从而提高企业的经营效益。

20世纪80年代初，我国的管理会计是基于西方管理会计理论而逐渐发展起来的，在许多学者的研究之下，逐渐获得了一些成果。然而，管理会计在我国的发展却不尽如人意，这主要是因为它没有对企业起到预期的效果，这不仅是管理会计本身存在的问题，而且也受到了我们现有应用水平的制约。

在我国，管理会计呈现出了减少依附性的趋势，管理会计被认为是对财务信息的深度处理。这就使它对财务信息这一主体产生了依附性，成了一种辅助行为。

鉴于管理会计的特点，有必要从数学、统计学、计量经济学等方面对其进行分析。例如，对于回归分析，这种方法需要准确的数据和一定的计量软件来进行操作，这就决定了企业的会计工作不仅计算过程复杂，而且需要具备这方面相关知识的专业人员。

此外，利用这些方法计算出的分析预测数据中有一些假设条件，需要进一步地分析、处理和改正，无法与市场环境直接接轨。这很容易导致理论严重脱离实践。目前，这是对我国管理会计的发展造成阻碍的一个主要问题，任何没有理论作支撑的应用方法都容易丧失发展的动力。在管理会计实务中，由于理论严重脱离实践，所以导致出现一系列问题，如缺乏具备专业知识的专职人员。

在市场经济的迅猛发展之下，企业管理中的一项重要手段就是管理会计，我们不能忽视其作用，在西方经济的发展过程中管理会计的贡献已经得到了证明。但是，我国管理会计的发展却面临着重重困难，其在企业中处于重要的地位，却没有取得显著的效果。在世界范围内，西方理论也逐渐暴露了自身的不足之处，所以管理会计才开始有了新的突破和发展。

二、战略管理会计横空出世

随着世界经济一体化的发展，在全球范围内企业面临着日益激烈的竞争，所以战略对企业的发展来说变得更加重要。最初"战略"只是一个军事术语，指的是战争分析后所作出的总体规划和指导。随着经济的迅猛发展以及越来越激烈的市场竞争，企业要想实现自身的长期发展，就必须对企业的发展进行整体筹划，从而能够理清社会发展的方向。所以"战略"一词才与经济行为相联系，这时，"战略管理"已经成为经济发展中的新宠儿。

英国学者西蒙兹最早将管理会计结合了战略管理。1981年，西蒙兹提出了"战略管理会计"的概念，"搜集和分析企业及其竞争对手的管理会计数据，从而能够对企业战略加以控制的会计。"在经济快速发展的新形势下，战略管理会计弥补和发展了传统的管理会计。

不同于传统管理会计的应用方法，战略管理会计一般使用一些具有整体性和全局性的研究方法，如产品生命周期法和价值链法等，来判断企业的经济效益，这不仅避免了管理会计中的大量复杂计算，而且更注重企业的长远利益。随着市场竞争的日趋激烈，当企业产品进入成熟阶段时，企业发展的焦点问题将变成保持和扩大市场份额以及追求自身的长远发展利益。而战略管理会计则更好地适应了这一变化，突破了单一会计期间的局限性，从长期不断变化的竞争地位中更好地把握企业未来的发展方向，甚至为了实现企业的长期价值而牺牲了短期的利益。战略管理会计注重企业的外部环境，注重协调企业的发展与环境的变化，在整个产业的价值链中研究企业和市场竞争对手之间的关系。这在一定程度上弥补了传统管理会计只注重研究企业的内部成本降低和劳动生产率的提高等内部化趋势，从而将企业真正放到市场信息之中。

战略管理会计在我国尚属新生事物，但已成为管理会计目前发展的趋势和方向。尽管我国的企业仍处在向现代企业制度转型的时期，然而，大部分企业随着市场经济体制的建立都树立了以市场为导向的经营意识，这在一定程度上为战略管理会计的实行提供了可能。随着市场经济的发展，适者生存的竞争机制要求企业不仅要考虑自身的成本和效益，而且还要考虑竞争者的发展情况，所以有必要从管理会计过渡为战略管理会计。如今，我国管理会计的发展不能达到预期的效果，理论严重脱离了实践，也没有对企业起到一个明显的作用，由此可见，企业迫切希望战略管理会计的到来。

三、战略管理会计在我国企业如何定位

管理会计在我国企业中并没有发挥应有的作用。面对这一现状，通过战略管理会计来解决传统管理会计的尴尬局面是不合理的，肯定会有一些新情况

和新问题出现。在这种情况下，将传统管理会计与新的战略管理会计相结合是可行的。目前，战略管理会计已经是大势所趋，其实施势在必行。我国管理会计发展的困境首先表现为理论严重脱离实践，而战略管理会计正是弥补了这一缺陷。

因此，战略管理会计的发展是在完善管理会计的基础上进行的，通过战略管理会计能够有效地弥补管理会计的不足之处，相互补充，共同促进企业的良好运行，相信一定能够取得相应的成效。我国的管理会计和战略管理会计还处于一个新的发展阶段。作为一名会计人员，不仅要在自己的本职工作中运用一些先进的方法，而且还要研究这些方法在企业中的适用性和有效性。任何一位专职会计人员的研究工作，都会在一定程度上对我国会计学科的发展起到推动作用。

第四节　战略管理会计的运用

一、战略管理会计在战略选择阶段的运用

如果说传统管理会计是企业内部报告会计，那么战略管理会计则是战略报告会计。相比传统管理会计来讲，战略管理会计是为企业提供战略服务的，不仅要关注企业的竞争对手，还要关注企业的内部会计信息，在企业战略的各个层面都能看到战略管理会计的身影。按照战略管理的相关实践，战略管理会计在企业的战略选择、实施与业绩评价等环节广泛应用并发挥着重要作用。

企业的战略选择在一定程度上对企业资源配置的取向和模式起到了决定性作用，并且对企业经营活动的行为和效率也产生了一定影响。企业的战略选择应该从影响企业生存和发展的因素出发，及时调整企业的相关战略，从而使企业具备良好的竞争优势。

（一）基于管理会计的战略定位

所谓战略定位分析，即企业通过调查分析，能够了解自身所处的环境和条件，实现知己知彼，从而能够使企业获取竞争优势。所谓知己知彼，即企业要认真审视其内外部环境，企业的外部环境是影响企业的一项因素，包括宏观环境、产业环境和竞争对手分析等。其中，宏观环境对企业经营活动产生的影响最大，包括政治、经济、社会文化等因素；产业环境是指对处于同一产业内的组织都会发生影响的环境因素，包括产业政策、产业规模等因素；竞争对手分

析是对企业目标市场中所占份额分析。这些因素的相互联系和影响，共同决定了企业将会面临的机遇与挑战。从管理会计角度出发，分析企业的外部环境，最重要的是分析企业的竞争对手和顾客。其中，分析竞争对手，可以明确企业与竞争对手相比的经营决策、投资决策等；分析顾客，可以明确现有和潜在顾客的偏好、信用和经济实力，采取有针对性的策略。通过利用外部环境，可以在一定程度上减少环境威胁对企业的影响。

所谓内部环境，即企业自身的资源和经营活动。企业自身的资源是企业拥有或控制的专有技术、人力资源等因素的总和。通过分析这些资源的构成、数量和特点，可以看出企业在资源方面的优劣势。企业的经营活动是一系列相关活动的总和，其中包括原材料的供应、产品生产、产品出售等，通过本量利分析，我们能够考察产品定价、企业利润与价格的关系等，从而能够准确识别企业在经营过程中存在的优劣势。

企业可以根据自身的优势和劣势，采用合适的战略，利用自身的优势，为股东和利益相关者创造更多财富。对企业来说，必不可少的一项工作就是要分析内外部的环境，最常用的内外部环境分析方法就是 SWOT 分析方法，该方法帮助企业清楚地看到它们的 S（优势）、W（劣势）、O（机会）和 T（威胁），同时还能够为企业提供一个合适的管理战略，通过组合不同类型的战略，并最大化地利用企业的内部优势和环境机会，从而能够在一定程度上减少环境带来的威胁和企业内部存在的劣势。

（二）基于管理会计的产品生命周期

在产品创造的初期，产品由于刚刚进入市场的原因，所以缺乏一定的知名度，从而导致很少有人在此阶段购买产品。在这个阶段，一般企业的生产成本与费用较高，企业往往无法营利，净现金流量基本为负。所以，企业在这一阶段可以运用夺取和渗透的经营策略。

在产品的成长阶段，企业的现金流入量和流出量趋于平衡，尽管已经降低了经营风险，然而风险仍然很高，所以，为了提高企业的竞争力，可以通过产品质量的提升、产品市场的细分以及产品价格的降低等策略进行。此外，还可以通过维持较高的收益留存比率和吸收新的权益资本来筹集资金，使企业能够准确把握现有的成长机会，保持较高的市场增长率。

在产品的成熟阶段，企业实现了利润最大化，并且也具备了相对稳定的获利水平，极大地降低了企业的经营风险，企业在这时开始具备债务融资的实力，所以通过产品新用途的开发以及新市场的开辟等途径，可以在很大程度上提高产品的销量，增加企业的利润，同时还能够更好地满足消费者的需求。

在产品的衰退阶段，随着科学技术的日益发展以及新旧产品的交替出现，使得产品的销售量急剧下降，产品的利润急剧降低，显然不能再对该产品投入大量资金。所以，在产品衰退的阶段，应该立即选择放弃该产品，同时还要陆续停止生产该产品，从而使其逐渐退出市场。

（三）基于管理会计的经验决策

从积累经验的角度来看，企业的经验积累越多，那么操作就会越熟练，也就拥有越多的降低成本的机会。对于企业的战略选择，一般来讲，经验的积累取决于企业的决策次数。企业要想实现可持续发展，关键在于要具备不断完善的习惯领域，从这个角度来看，企业在做出多个相似的决策之后，往往会在后续的决策过程中采用同样的决策。换句话说，如果一个企业多次选择相同的决策，如果不具备强大的外界冲突，那么企业将很难改变其决策，这是因为企业已经熟悉了这种决策方式。

二、战略管理会计在战略实施阶段的运用

进行企业战略管理的第一步就是要制定战略，关键是要能够将战略构想转化为战略行动。战略实施是战略管理会计过程的行动阶段，企业在进行转化之前，不仅要建立适应企业发展战略的组织结构，而且还要合理配置企业资源，只有这样，在企业的经营管理活动中才能更好地运用企业战略，从而能够顺利实施企业战略。此阶段常用的分析方法有：目标成本法、全面质量管理、成本动因分析和价值链分析等。

（一）基于目标成本分析的成本控制

所谓目标成本分析，即基于目标利润，利用多种方式来实现目标成本的方法，也是对未来理论进行战略管理的一种技术。一般来讲，目标成本分析的实施有以下三个步骤：首先，进行目标成本的确定；其次，运用价值工程来识别降低产品成本的途径（价值工程是通过对产品功能的分析，正确处理功能与成本之间的关系来节约资源、降低产品成本的一种方法）；最后，通过成本的改善和经营控制使得企业的成本进一步降低。

在企业的目标体系中，目标成本是其中的重要组成部分之一，影响和制约着企业的其他目标，所以企业要想进行目标成本分析，首先就要确定目标成本。

用产品的预期价格减去开发的目标利润，企业就可以得到目标成本。确定好目标成本后，要分解到各个部门，各个部门还要制定相应的操作标准，通过考核和监督来贯彻执行。

（二）基于全面质量管理的成本控制

质量管理是对组织与质量有关的活动的指导和控制。全面质量管理的本质是运用最经济的方式生产用户最满意的产品，以最少的消耗获得最大的使用价值。全面质量管理关注四种成本：预防成本、鉴定成本、内部故障成本和外部故障成本。

质量和成本二者之间是相辅相成的关系，必要的预防成本可以在一定程度上减少故障成本造成的损失，从而能够保证产品或服务的质量，更好地维护企业的声誉。所以，在质量方面，企业应该尽量做到防患于未然，尽可能减少故障成本支出，尽可能以最低的成本获得更高的质量，从而更好地开拓企业的市场。

（三）基于价值链和成本动因的成本控制

对于企业价值链中的任何一项活动来说，都是互相影响的。通过了解企业的相关增值活动和分布状态，我们能够选择那些可以使成本降低的作业活动，从而能够最大限度地降低企业成本，提高企业的经济效益，最终对企业的经营过程起到优化作用。

1. 企业需要确定其价值链

不管企业选择了哪一种决策，在某一行业内进行生产经营是必然的，任何一个行业的构成部分都是一系列具有鲜明特色的管理活动。因此，要想管理企业的生产经营决策，就必须先对行业的价值链进行定义，将生产经营过程中的成本、收入和资产分配到各种经营活动中去。

2. 找出统御每个作业的成本动因

一般来讲，成本动因包括结构性成本动因和执行性成本动因，执行性成本动因对每个价值作业都产生了较大影响。对企业作业的执行性成本动因产生影响的因素主要有能力利用和时机等。所谓能力利用，即在企业生产经营的过程中，是否能够充分利用企业的员工、机器以及管理能力。时机的选择将对企业的生产经营成本产生一定影响，例如，带头向市场推广新产品的行动者能够拥有更多的优势，因此，时机的恰当选择会给企业带来短期或长期的成本优势，并且还会在一定程度上改变企业的成本地位。

由此可见，价值链分析不仅可以提供给信息使用者一些客观、真实的成本信息，还可以动态跟踪和反映所有的作业活动，从而能够有效控制企业扩张过程中的成本。这样，管理者就能够按照企业的战略目标更好地实施战略，从而降低企业的成本，提高企业的经营效率，从而在一定程度上提升了企业的竞争地位。

三、战略管理会计在战略业绩评价阶段的运用

（一）战略业绩评价的步骤

1. 辨认企业采取的战略

战略业绩评价的关键在于对业绩评价与企业战略之间的相关性加以体现，并且还要对与战略相关的指标体系加以制定。所以，进行战略业绩评价的第一步就是要确定企业是否采取了必要的战略。

2. 确定关键获胜因素

在战略实施的过程中，真正对企业战略起到决定作用的因素往往不多，这些因素成为关键获胜因素。对这些关键因素的控制极为重要：一是由于其成本比重大，二是由于其技术上的关键之处。

3. 设计适当的指标体系

在对关键获胜因素确定后，就应该开始设计指标体系。通常指标都是作为关键获胜因素的身份出现的，所以，恰当、合适的指标能够更好地掌握企业关键获胜因素任务完成情况。

4. 选择评价标准

我们是很难评价一项指标值是好的还是坏的，应该选择适当的评价标准进行比较，从而能够更好地发现企业的优势和劣势。然而，在战略业绩评价系统中，因为我们往往着眼于企业的外部环境，所以在对评价标准进行选择时，通常从外部选取。

5. 反馈与提高

战略业绩评价的最后一步是将前一步的结果及时向有关的业务执行人员进行反馈并比较，作为改进的基础。这在一定程度上使整个战略业绩评价周期更

有利于提高信息的流动性和企业的业绩。企业应该选取各种不同的改进方案，对于那些在执行中出现的失误，应该积极督促执行人员加以改进和学习；对于那些结构性原因，则应该改进一些结构性因素，甚至需要思考是否改变企业的战略。

（二）战略业绩评价的方法

1. 平衡计分卡

（1）财务维度

在企业战略业绩评价中，财务维度是其中的一个重要组成部分，因为企业实行价值最大化的战略目标，所以不仅要反映企业过去业务的经营情况，还要反映企业的经营战略、业绩等，同时还要充分体现股东和利益相关者的利益。由此可见，经济附加值可以称得上是一个合适的绩效评价指标。

（2）顾客维度

顾客维度注重实现顾客价值，因此需要致力于怎样吸引、保留和深化顾客关系等，从而增加顾客的价值。顾客价值的提升可以通过以下三个方面：经营优势、顾客关系和产品领先。

（3）内部流程维度

内部流程维度在一定程度上对顾客需求的满足造成了影响，与企业的业绩状况密切相关。通常来讲，企业包括创新、经营以及售后这三个流程。在整个内部流程中，创新流程是关键，一般负责新产品的开发与服务，并逐渐向新的市场和客户群深入；经营流程重视产品的成本、质量、能力管理等，从而能够确保企业提供给顾客一些优质的产品和服务；售后服务这一辅助流程是至关重要的，通过完善的售后服务，企业可以为客户提供更有价值的产品和服务。

（4）学习和成长维度

随着世界竞争的日趋激烈，企业要想保持永久的竞争力，那么就必须不断进行学习和创新。这一层次的指标包括新产品开发、员工流动率、员工受激励程度等。

由此可见，将一些看似无关的指标有机地结合起来，不仅促进了企业管理效率的提升，而且也在一定程度上奠定了企业成功的基础。

2. 标杆法

（1）标杆种类

标杆种类主要包括内部标杆、行业或竞争对手标杆以及工艺标杆等。内部标杆是最简单的一种标杆形式，是指从本集团公司内选取其他关联企业或兄弟企业作为绩优企业，很容易建立标杆伙伴关系。行业或竞争对手标杆是指与本行业的其他公司建立标杆伙伴关系，这种做法可能会向对方泄露一些商业机密，因此往往很难实现。工艺标杆是指在世界范围内，跨行业和地区选择在某一工艺或服务中表现最好的公司，称它们为绩优企业。

（2）标杆法实施的步骤

第一，确定标杆对象。企业应提出哪些产品需要实施标杆法，标杆目标应该选择哪家企业等。在这一步骤要与企业的竞争战略相结合，并选取适宜的关键业绩指标作为标杆对象。

第二，选取标杆伙伴公司。选取的标杆伙伴公司一定是在某一特定领域具有良好业绩的公司。

第三，对数据进行收集和分析。这一步骤主要为了调查研究，同时还要对一些标杆公司的成功经验进行收集，通过比较本企业的业绩，找出自身的不足之处，确定双方之间的业绩差距。它表明企业需要在多大程度上通过一些改进措施来提高绩效，从而使该企业达到最佳绩效。

第四，建立业绩目标。根据前面步骤的结果和企业的具体情况，未来业绩评价的标准将是标杆对象预期达到的目标，并且还要对一些具体的改进计划加以制订，从而能够使业绩差距得到缩小。

第五，实施计划。实施改进计划，并定期收集与业绩指标相关的信息，同时还要对其与业绩目标的差异进行分析和评价，必要时还要采取一些改善措施，从而实现企业的业绩目标。

第五章　当代管理会计的新发展——作业成本管理会计

随着社会经济的发展，企业间的竞争日趋激烈，企业在发展过程中需要将市场作为指向标，将顾客置为生产模式的主体地位，最大限度地满足顾客的需求。作业成本法是当代管理会计的新发展，它改变了传统的企业制造费用配置方式，更新了人们的成本观念。作业成本法有力地推动了管理会计的发展。

第一节　作业成本管理的基本理论

一、作业成本管理会计产生发展与基本思想

（一）作业成本管理会计的产生与发展

20世纪70年代末，随着高新技术的发展并广泛运用于生产领域，传统的管理观念和管理技术受到挑战。企业竞争环境发生了变化，计算机一体化设计与制造系统的建立、适时制采购与制造系统的出现及运用，以及零库存、制造单元、全面质量管理等全新管理观念和技术的推广，在很大程度上影响了传统的以交易或数量为基础的成本计算与成本管理系统。技术的发展降低了直接人工成本，固定制造费用等间接费用大比例上升，产品的消耗不再能通过数量基础成本计算反映出来，不能为企业经营管理提供有用信息。在实务界迫切要求改革传统管理会计研究成本会计核算系统时，将管理重心深入作业层次，以"作业"为核心的作业成本计算及作业管理便应运而生。

一般认为，以作业成本计算为核心的作业成本管理会计概念最先由美国学者库柏和卡普兰于1984年提出。其基本目的是为企业提供更相关的成本信息。作业成本计算方法提出之后，引起了理论界和实务界的重视，学者们在对其理论完善和运用研究中发现作业成本计算不仅能较精确地计算成本、解决共同成本的分配问题，还在预算管理、开发新产品、分析盈利能力中需要大量使用

作业成本计算法给出的相关信息。同时这些信息能够帮助企业经营者做出适合企业发展的决策。因此，作业成本计算不再局限于成本计算，而是上升到基于价值链分析，提供能够满足企业发展需要的作业管理（Activity-Based Management，简称 ABM）的层面上。

作业成本管理会计是一种基于"作业"的成本核算与控制系统。实施作业管理是指企业将成本信息作为基本依据对成本结构进行分析并使之优化升级。实施作业管理能够使所有作业都得到分析和修正，提高成本信息质量，促进企业的经营决策，提高企业整体经营管理水平，优化作业链和价值链，为顾客提供更高质量的服务，使顾客需求得到最大程度的满足。

作业成本管理会计给管理会计的发展带来很大影响。它更新了作业管理理念和成本计算方法，使企业成本管理和价值链优化方法更加科学和完善。经过20 多年的发展，作业成本管理会计理论不断应用于作业成本管理会计实务，使得这一理论不断发展和完善。企业在经营和管理过程中使用作业管理能够使企业获得更好的经营效果，创造更大的价值。

（二）作业成本管理会计的基本思想

1. 作业成本计算

作业成本计算是作业成本管理会计的基本方法和基础环节。它以"作业"为中心，通过确认企业设计、生产、销售等经营过程中所有与产品相关的作业及相应资源耗费，按成本动因分配计量作业成本，对所有作业活动进行动态的反映，尽可能消除不增值作业，改进增值作业，优化作业链和价值链，从而得出相对合理的产品成本，为企业经营决策提供有用信息。用作业成本计算核算产品成本时，需将着眼点从传统的"产品"转移到"作业"上，即以"作业"为中心。

2. 作业管理

在传统企业观点下，企业被视为是经济组织，通过向顾客提供产品获得利润。其中，产品是企业的核心。在现代企业观点下，企业被视为是作业的综合体。这些作业是设计出来以满足顾客需求的。根据现代企业观，企业的经营目标就是要实现最终顾客价值最大化，企业管理的重点在于持续改善和优化作业链和价值链。企业作业管理将顾客作为指向标，通过作业成本计算从根本上改造企业"作业流程"，最大限度地消除作业链中一切不能增加价值的作业，以达到优化作业链和价值链的目的。作业管理把管理深入到作业水平，围绕着作业，将企业整体作为出发点，借助于作业分析改进和完善产品设计，以及生产和销售等环节中的作业方式，使作业流程中的各项作业呈现出连续性和同步性的特点。同时通过对有限的资源进行重新配置，不断降低成本，使价值链更加优化。作业管理有利于提高企业整体管理水平和经营效益，可以增强企业的竞争优势。

3. 作业成本计算与作业管理的关系

作业管理是作业成本计算发展到一定阶段的进一步拓展，但其核心仍是作业成本计算。它使用的分析工具和核算工具由作业成本计算提供。作业管理是作业分析、作业成本分析和作业改进过程的有机组合。借助作业成本计算能够获得企业作业链对顾客价值、企业价值增长的相关信息。这些信息有助于企业管理层完善作业链，更好地实施作业管理。作业成本计算和作业管理同为管理会计的核心，二者是辩证统一的，相辅相成，共同发展。

二、作业成本管理会计的基本概念

明确作业成本管理会计的基本概念是理解和把握作业成本管理会计的基础。

（一）作业与作业成本

依据作业成本管理会计的观点，成本计算的对象是作业成本，作业成本管理会计对作业成本进行追踪，一般追踪至最终产品、服务或顾客。从管理角度看，企业生产过程中的环节或流程即为作业。作业管理视角下的作业与管理视角下的作业不同。作业管理视角下的作业是在特定范围内的活动、事项或业务，这些活动、事项或业务将人作为主体，有明确的目的，在完成过程中需要消耗一定的资源。这些活动、业务或事项的最根本的目的是创造某种价值。作业是汇集资源耗费的对象，它有以下几点特征。

①作业的主体是人。

②作业需要耗费资源。

③作业的目的是区分作业的依据。

④作业的范围可以被限定。

作业可以按不同标志分类，如可按作业受益对象的性质把作业分为单位成本、批别作业、产品作业、顾客作业和能量作业等。通过判断作业能否为顾客增加价值，可以将价值分为增值价值和不增值价值。这种分类方式是最基本的分类方式。增值作业是指通过该作业的执行可以为顾客提供更多的价值。一般情况下，生产工艺流程的作业都属于增值作业。不增值作业是指没有为增加顾客价值做出贡献的作业或是如果将其消除也不会使产品价值下降的作业。储存、等待、检测等作业都属于不增值作业，企业可以减少这类型的作业。

从作业管理的角度看，产品的生产过程是组合起来的有相关性的作业。成本费用的发生与作业相关，产品成本由作业成本构成。因此，产品生产过程的费用消耗就是作业成本。

（二）作业链与价值链

作业成本管理会计有两个主要目标：一是借助作业尽可能多地为顾客提供价值；二是从为顾客提供的价值中获取更多的利润。

可以将现代企业看作是一个作业集合体。这个能够创造顾客价值并且有一定的顺序性的作业集合体也就是"作业链"，其建立的目的是满足顾客的需求。企业执行任何一项作业都会引起价值转移与集合。完成作业需要消耗资源，同时有一定价值量和产出转移到下一个作业，直至将完成的产品提供给顾客。企业生产的产品集合了企业所有作业的成果，也集合了所有作业的价值。因此作业链和价值链的形成过程可以等同。虽然作业能够形成价值，但是并不是任何一项作业都能够使转移给顾客的价值增加。作业链和价值链是分析企业竞争优势的基础，企业管理就是要以作业成本计算为基础，以作业管理为核心，借助作业分析尽量使不增值作业消除，同时提高顾客增值作业的运行效率和效益，使企业的作业链和价值链得到优化和完善。

（三）成本动因

能够直接引起作业成本发生的因素被称作成本动因。它是作业成本计算的成本分配标准。成本动因能够决定产品成本结构，同时对成本产生有推动作用。成本动因具有可量化的特点，其目的是提高可操作性。可量化的成本动因包括生产准备次数、零部件数、不同的批量规模数、工程小时数等。

作业成本计算的基本前提是：作业量的多少决定着资源的耗用量，产出量的多少决定着作业的耗用量，资源耗用量的高低与最终的产出量没有直接的关系，从而可将作为作业成本分配标准的成本动因分为资源动因和作业动因。

作业量和资源耗费之间存在因果关系，资源动因就是这种因果关系的体现，它是将资源成本分配到作业的标准。资源是执行作业所必需的经济要素，即企业付出代价而获取的一切生产要素，如资金、材料、机器设备、劳动力等。作业成本要素是随着资源逐项分配到作业中而产生的，将每个作业成本要素汇总就形成了作业成本库。例如，当"检验部门"被定义为一个作业中心时，则"检验小时"就可以成为一个资源动因。这时，许多与检验有关的费用将会归集到消耗该项资源的作业中心。分析成本要素和成本库可以判断资源的需求量，获得更佳的资源配置方式。

耗费的作业量和完成的产品或服务的产出量之间存在因果关系，它们之间的因果关系是作业动因，也就是作业发生的原因。

三、作业成本管理会计理论的基本内容

（一）作业成本管理会计形成的理论基础

1. 行为科学理论

行为科学是 20 世纪 50 年代兴起的学科，70 年代以后进入快速发展阶段。行为科学通过借鉴心理学、社会学等学科的研究成果分析人类行为中的规律，研究这些行为的产生原因。具体内容包括侧重于行为观的组织理论、激励理论与决策模型。作业成本管理会计是在行为科学的基础上形成的，它要求使用激励措施激励企业中的各个部门和企业员工努力完成企业目标，实现企业价值。

2. 信息经济学理论

从信息经济学的角度看，获取信息需要花费相应的信息成本。由于信息对企业做出决策有帮助作用，因此，信息可以带来效益。作业成本管理会计实际上是一个信息系统。通常情况下，作业成本管理会计系统将成本—效益原则作为最基础的指导原则。同时，信息经济学原理也能够对其进行指导，将信息效果和经济性相综合。

3. 成本动因理论

从多个角度看，企业的产品制造成本不是一成不变的，而是会发生变动的。因此，需要将产品制造成本分为两类，一类是短期变动成本，一类是长期变动成本。这种分类方式使对成本这一概念的把握更加准确，获得相关性更强的成本信息，提高企业决策的合理性。

从成本动因理论的角度看，作业是组织内消耗资源的某种活动或事项。企业生产产品或提供服务会引起作业，作业又可以引起消耗资源。成本动因是引起成本的推动力，它往往隐藏在成本之后，能够对成本行为起到支配作用。将

生产产品使用的费用分摊到产品上需要找到对成本有影响的因素，这就需要通过成本找到成本动因。

（二）作业成本管理会计的主要程序及体系

1. 作业成本管理会计的主要程序

（1）作业分析

使用作业成本计算能够获得动态成本信息，这些信息能够对企业作业链和价值链起到优化的作用。为达到这一目的，作业成本管理会计对成本信息的相关性比较关注。进行作业分析要求实施作业管理深入到作业水平。

以下是作业分析的具体步骤。

①定义作业。首先需要明确企业经营的目标，然后对企业生产的产品或提供的服务需要进行的作业进行判断和描述。

②分析作业的必要性。必要性强的作业具有创造价值的作用。分析作业的必要性要从企业和顾客两方面着手。必要的作业对于顾客来说能够为其增加价值。还有一些必要作业与顾客没有关系，对于顾客来说是不必要的，但对企业来说是必要的。不必要的作业是指不能增加顾客价值，而且在企业组织功能中也不能够产生作用的作业。企业应当消除不必要的作业。

③分析重点作业。一般情况下，企业有二三百种作业，出于成本效益的考虑不需要逐一分析这二三百种作业，而是分析重点作业。有研究数据表明，企业中 20% 的作业能够引起 80% 的成本，作业成本大的即为重点作业，企业通过排列作业成本的方式，选择性地分析重点作业。

④比较企业作业和与其相似的其他企业的作业。由于企业必要的作业并不一定就是高效率的或最佳的，与其他企业类似的作业进行比较，可以判定企业作业在全行业作业链中的有效性。

⑤分析作业与作业之间的联系性。相互联系的作业形成作业链，最佳作业链中的各项作业联系紧密。企业进行作业分析能够使企业发现不必要的作业并将其消除，从而优化作业链，实现资源合理配置，尽可能地将资源用在能够增加价值的作业上，实现提高提供给顾客的价值目标。因此，作业成本管理会计既是管理会计核算工作，又是优化完善企业作业的过程。

（2）作业成本计算

管理会计内容的核心是作业成本计算深入作业层次进行成本核算。作业成本计算一般分两步进行。首先，要将资源中的价值归集到作业中，以满足作业的需要。然后，将作业成本分配到产品中去，以满足产出的需要。

以下是作业成本计算的程序。

①依据生产流程归集各个作业，根据作业的需要分配资源。

②判定哪一项作业是主要作业，建立作业中心和成本库，根据作业中心中有代表性的作业计算成本库分配率，计算获得产品的作业成本。

③求出个别产品的作业成本的总和，获得总的产品作业成本，然后与产品的其他成本相加，得到产品成本。

（3）动态改进

作业成本管理会计的核心是作业，并从作业出发，结合作业成本计算为其提供的信息，在技术与经济相统一的指导原则下完善作业方式和管理控制，最大程度上消除非增值作业，优化增值作业。

以下是动态改进的步骤。

①计算完成作业需要耗用时间和资源，尽量减少这些时间和资源的耗用。

②将不必要的作业消除。

③选择成本最低的作业。

④降低作业成本，实行作业共享。

⑤结合作业成本计算为其提供的信息，对资源进行合理配置。

在企业完整的生产经营活动中都需要用到动态改进，通过对作业及资源配置进行动态改进，企业能够实现管理水平的提升，获得更高的经济效益。

（4）绩效评价

作业成本计算产生的信息对绩效评价有帮助作用，在评价个人或部门的履责情况时可以使用这些信息。作业成本计算除了能够提供帮助绩效评价的信息外，还能提供诸如资源动因的非财务信息。这些非财务信息对非财务层面的绩效评价有帮助作用。

作业成本管理会计提供的信息对企业的绩效评价是多维的，提高绩效评价的有效性，能够帮助企业进行决策。

2. 作业成本管理会计体系

高新科技在生产领域大规模运用，作业成本管理会计体系就是建立在其基础上的。作业成本管理会计体系将作业成本计算作为中介，将实行适时生产系统和全面质量管理作为前提条件，计算机集成制造系统能够为作业成本管理会计体系提供技术支撑。作业成本管理会计体系从转变企业观念出发，围绕着作业成本管理，通过作业预算管理实现企业战略目标。

作业成本管理会计体系包括4个子系统。

（1）作业成本管理会计的技术支持

计算机集成制造系统、管理思想和制造技术相综合，使生产达到高度的电脑化和自动化。计算机中心能够对产品订货、产品设计、产品销售和售后等环节的自动化系统统一调控。自动化、信息化的生产促进了经营管理的改革，为作业成本管理会计提供了技术支持。

（2）作业成本管理会计的基础和中介

企业想要实行作业管理，分析作业增值情况，就需要加大力度控制成本，建立现代成本管理模式，即作业成本管理模式和预算管理。

预算管理能够对作业管理绩效提供准确的评价，并借助作业成本信息实现对绩效评价的预算和控制。作业成本计算着重计算成本发生的原因和成本的结果，通过对成本发生的原因和成本的结果的动态分析获取有效信息，帮助改良产品设计，确定对企业发展最有利的产品、顾客及投资方向。同时使作业的完成保持在一个较高的效率和较高的质量上，使企业不断地发展完善，提高价值链水平。

因此，作业成本计算是作业成本管理会计的基础和中介，它是一个信息系统，存在于作业管理的始末。作业成本计算能够通过对作业的追踪和反映，提升作业成本管理会计的作业管理水平。

（3）作业成本管理会计的时间组织模式

作业成本管理会计认为诸如货物的保存、运输等关于存货的作业不能使产品价值增加。因此，企业不需要保存货物，这就要求企业实行适时制。在作业链中，作业管理和适时制能够相互融合渗透。适时制是作业管理在时间和空间上的经济模式。

适时制认为企业在生产满足顾客需求的产品时要在必要的时间生产，而且生产产品的数量恰好是必要的数量。适时制具有"拉动式"的特点。顾客在订货时确定需要的产品数量、质量要求和交货时间等。企业根据这些内容组织生产，前一部分的生产要满足后一部分的生产要求。在适时制思想的指导下，企业可以实现"零存货"，完成作业管理的目的。

（4）作业成本管理会计的保障机制

在适时制的要求下，企业生产经营过程中的各个环节要互相协调，其中一个环节发生问题将会打乱整个生产经营活动，因此要实施全面质量管理。全面质量管理从"零缺陷"出发监管企业员工的个人素质。生产经营中出现问题要马上解决，防止上一环节中的问题影响到下一环节。全面质量管理能够尽可能地消除生产经营活动中的问题。因此，全面质量管理是作业成本管理会计运行作业管理的保障机制。

（三）作业成本管理会计对传统成本会计的改进及其对企业的影响

1. 提高成本管理有效性

作业成本管理会计对成本的观念进行了进一步的完善和发展，扩展了成本核算的范围，使成本管理的有效性得到了提高。

作业成本管理会计借助作业联系费用和成本，展示成本的形成过程，使成本的概念更加完整。作业成本管理会计还将成本核算范围拓宽至作业、作业中心、顾客和市场，建立了一套成本核算体系。作业成本管理会计围绕作业对产品或服务的成本进行核算，使成本管理更加高效。

2. 优化成本形成过程及其结构

作业成本管理会计分析成本动因，展示资源消耗和成本发生的原因和结果，探索出完善企业生产、销售等环节的方法和手段，减少浪费，使企业的经济效益得到提升。

3. 提供绩效评价和责任考核体系

传统成本计算往往不考虑可供资源和实际资源之间存在的差异，在成本对象的成本中加入未使用资源的成本，降低绩效评价的准确性。

作业成本管理会计认为，作业和资源能够使顾客价值增加，在增加顾客价值中的作用可以通过绩效评价反映出来。分析资源流动的原因和结果能够使企业中各个部门的职责更加明确，并将非财务指标作为绩效评价的依据，提高企业盈利能力。

第二节　作业成本管理的研究综述

一、关于西方作业成本管理会计的研究概述

（一）作业成本计算理论的完善历程

会计最初的产生是为了服务于经营管理，是一种管理活动。成本会计属于会计的一种，是需要求得产品的总成本和单位成本的情况下，基于商品经济条

件进行核算全部生产成本以及费用的会计活动。

1. 被忽视的初期作业成本计算

先进的科学技术、管理思想和手段是推动经济迅速发展的必要条件，先进的科学技术和管理理念又依附于经济的迅速发展，这一点历史经验足以表明。美国会计学者特乐士最早提出了一种新型成本计算方法——作业成本计算。之后乔治·托布斯又于1971年提出了"作业""成本""作业会计""增值成本计算""作业投入产出系统"等相关概念。将作业成本的账务处理以及作业的投入产出控制等一系列方法逐一进行了较为系统且详细地阐述。但由于当时的社会经济以及计算手段的局限性，以上内容并未受到重视。直至1995年计算机集成制造系统的问世，以及在短短几年间的兴起，这才使得美国整个会计实务界普遍意识到产品成本固有信息与实际存在着巨大差异，被扭曲的成本信息到处可见。此时乔治·托布斯所提出的一系列"作业成本计算"才开始倍受重视。

2. 倍受重视的中期作业成本计算

1988年年中至1989年初，美国著名会计学家库珀，就作业成本计算的兴起方面内容连续发表了高达四篇论文。卡普兰和库珀的强强联合，为作业成本计算的各方面建设等做了全方位的分析。而这些论文也当之无愧地成为研究作业成本计算的有力依据。

此后，英国、美国相继出版了有关作业成本计算的诸多杂志，陆续又发表了数百篇对作业成本计算的研究文章，这时的"作业成本计算"已成为一个大众普及的概念，或是一个专业领域的术语，而作业成本计算的理论体系以及内容也日趋完善。

3. 现代作业成本计算理论的升华

就目前而言，由于作业成本计算的普及化，对于作业成本计算理论的认识，学术界和实务界已经超越了其本身，逐渐升华为以价值链分析为根本基础且为企业战略需要进行服务的作业管理理论。

（二）作业成本计算与作业管理理论的完善过程

1. 作业成本计算与决策有用性

起初由乔治·托布斯于1953年到1954年间发表了一篇《收入会计观》的

博士论文，这篇论文代表着会计"决策有用性目标"全面研究的开始，将研究作业成本计算的先锋锁定为会计信息决策有用性目标。此后在1971年，乔治·托布斯又出版了《作业会计与投入产出会计》一书。他所研究的作业成本计算理论内容主要包括以下几项。

①会计的根本任务是将客观、科学的信息资料，提供并服务于管理咨询者，而其中包含的作业会计，实际上是一个与决策有用性目标有关联的会计。

②想要对作业会计进行深入研究，第一步要明确其所包含各项内容的基本概念。

③作业成本计算得出的数据是具有流动性的，而非一种固定的存量。

④要清楚地知道，所做的成本计算是作业，并不是其他单一标准，只有这样才能使成本计算和分配问题得以较好处理。

⑤实现财务会计与管理会计统一的根本在于以使用决策的作业成本计算为有力依据。

1980年至1989年间，众多西方会计学者对原有传统成本会计整体系统开始进行全面反思，"适时制"对成本会计和成本管理带来的影响成为人们研究的热点。成本会计系统中，一个相对比较重要的目的是提供产品成本的信息，成本信息足以将企业生产经营决策中的多方面需求进行解决，以便各企业作出合理的经营决策，即成本信息应具有决策相关性。伴随日益加剧的竞争、尖端化技术的层出不穷和适时制在管理上的运用，如果生产过程中所占比例越来越大、日渐增长的制造费用，仍按原有传统的成本会计系统用以产量的方法实施分配，若是考虑到规模经济问题，就难免会高估了产量较高产品的成本而低估产量较低产品的成本。最终导致原有传统成本会计系统提供的扭曲的成本信息促使整个企业增加产量低的产品生产线，从而造成严重的损失。

由此可见，对于低产量的产品来讲，每单位的成本要高一些。但是，如果将产量作为基础分配辅助生产部门的成本，也就意味着产量高的产品和产量低的产品都被相同对待了，没有任何区分。因为将产量作为基础分配辅助生产部门的成本，其每单位代表的产量都是相同的。产量高的产品被分配了多余比例的辅助生产部门的成本，在某种程度上使其资助了产量低的产品。如此一来，原有传统的成本会计系统和管理会计系统距离"决策有用性"目标就会越来越远。因此，在成本的计量与管理、长期绩效和短期绩效的评价等方面都应当进行适当变革。努力开发新的具有相关性的管理会计系统已成为当务之急。而作为满足企业在定价、生产流程组织、绩效评价等经营决策多方面需要的作业成本管理会计系统所提供的成本信息，能够将决策相关性目标得以良好实现。

随着研究的不断深入，霍华德·约翰逊教授就"作业成本计算能否提高成本信息的决策相关性"产生了另一种看法。他认为，会计仅能提供一种自上而下的管理。作业成本计算通过使用作业将成本进行分配，在一定程度上改善了成本信息，但它为使用者所提供的信息并不完善，从某种意义上讲，也没有为信息使用者指明获取信息较稳定而可靠的良好途径。他还指出，相关性并不是因为使用了不当的会计信息而造成管理消失，它是由于将会计信息去经营管理企业的运用不当而造成的消失，也就是说，企业经理人管理的不是某一过程而是结果。企业客户和其员工的权利对企业至关重要。企业的最终目标是为了使其所服务客户需求得以满足，他所提出的各种解决办法是全面质量管理，其中需包括员工协作和授权。当然，员工整体素质的变革也十分重要。根据霍华德·约翰逊教授的观点来看，作业成本计算只是企业管理问题中的一个组成部分，它并不能充当解决问题的办法。

但卡普兰并不赞同这种看法。他认为，作业成本计算只是一种工具，一种能够帮助经理人提供信息的系统工具，这种系统存在以下几个优势。

①在获取质量以及其他方面的改进信息时，它可用来分析成本和利润。也就是说，它是改进流程中不可或缺的一部分。

②它与业绩评价之间存在着密不可分的联系，为主要作业确定成本动因后，依据效率原则采用适宜的方法改进流程成为可能。它能在一定程度上帮助理解经营成本产生的原因，并能使供货商的关系得以改善。卡普兰认为，区分低价位和低成本供应商是极其重要的，也是必须实施的，因为接受、检验、贮藏和搬运材料等成本都与供应商有着直接联系。

③卡普兰认为，如果不考虑经济后果而迎合顾客的要求，这会给企业带来严重问题。而作业成本计算可以在一定程度上帮助确定感到满意的消费者的体验。

总之，从 1980 年直至今日，成本会计信息决策相关性与作业成本计算的讨论在某种意义上都使作业成本管理会计得到了较快发展，使用作业成本计算提供成本信息将原有现代管理会计研究脱离实际的情况加以改变，诸多实务界和学术界的学者和教授等都开始关注于作业成本计算，使其在整个学术界备受重视。

2.作业成本计算、作业管理理论的完善和发展

（1）作业的概念

首先我们要知道，作业是作业成本管理会计中的一个最基础的概念，宏观上的作业是指在产品生产过程中的全部经济活动。其会计核算和成本管理在通常情况下是围绕这个概念展开的。詹姆斯·A.布林逊于1991年在《作业会计》中，将作业定义为："作业是企业为提供一定量产品或劳务所消耗的人力、技术、原材料、方法和环境等的集合体。"换而言之，作业的根本用途是企业为了将其生产经营目标完成而进行的一切事项或交易。

企业为了评价获取产出所必需的投入量而运用成本核算系统。作业是资源投入和产出间的桥梁、相互联系的纽带，在某种程度上体现着两者之间的密切联系。以经营角度来看，资源是用以满足结合在一起并能生产和销售商品以及服务的作业需求。整个企业生产过程中的一系列作业形成了一条企业经营的作业链。

（2）成本动因理论

成本动因理论不仅是作业成本计算的核心基础，同时也是作业成本计算理念得以实施、发展和运用的有力依据，它主要包括资源动因和作业动因，如图5-1所示。相关专家认为，作业是企业组织内部消耗资源的一种活动或事项。作业起始于产品又作用于资源的消耗、利用；成本则始于隐藏其后的某种推动力。这种神秘推动力，就是成本的动因。换而言之，引起成本发生的主要原因是成本动因。

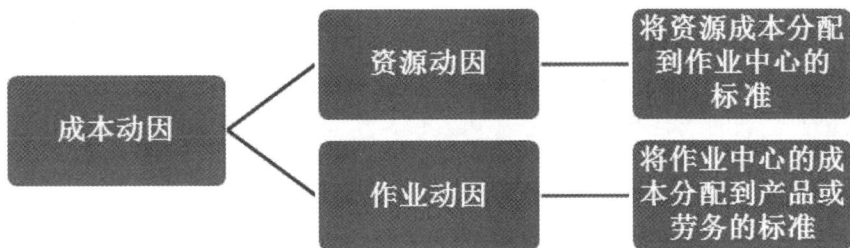

图5-1 成本动因分析图

（3）作业成本计算理论的完善

自作业成本计算的产生直至今日，诸多学者对其理论进行了不懈的努力，使作业成本计算趋向完整化。特别是库珀和卡普兰对作业成本计算的基本理论作了细致入微地阐述，最终使作业成本计算得到了业界的广泛重视和发展。

作业成本计算的主要原理是通过作业将成本引起的产品总耗用资源以及耗用原因联系起来，在一定程度上提供相应成本信息，为企业提供成本控制和绩效评价的信息。这里所指的信息是非财务信息，从整体来看，它对于企业经营管理的决策起着至关重要的作用。之后诸多学者在作业成本计算适用的条件以及作业成本计算内涵等方面的理论有了较新发展。

通过上述内容不难发现，作业成本计算相对原有传统成本系统更为适合当今时代的发展。它的主要目的之一是增加利润，而不是获得精准成本。经过漫长的实践和经验的积累，有学者对作业成本计算进行了一系列改进，并提出了"基于时间驱动的作业成本计算"，在一定程度上使作业成本计算理论得到了完善。

（4）作业管理理论的出现

随着研究的不断深入，1990年—1999年后，人们对作业成本计算的认识不仅仅局限于成本管理和控制方面的成效，在其所能提供的成本和其他信息方面，还可广泛运用到企业管理的各个方面。

作业管理已经逐渐超越了作业成本计算，且它还涵盖了多种经营方法以及经营工具等，并非局限于使用作业成本计算核算产品成本。在作业管理发展的初期阶段，约翰逊于1992年提出，"管理作业应被企业所管理，而非成本"。他认为，作业信息也可以是非财务信息或是某些带有战略成本性质的信息。因为"成本是不被人所控制的，人们能控制的是导致成本的作业"，所以这种信息使企业把侧重点放在成本以及利润的动因上。

综上所述，在以往的20世纪80年代至90年代里，作业成本计算与作业管理理论通过深入发展和不断完善，使人们对成本习性有了更深层次的认知，并树立了企业管理正确的战略思想。与此同时，人们还指出了有关企业成本控制及企业管理的战略方向及方法。可以说，作业成本计算与作业管理着实为企业应对生产和市场环境的急剧变化，以及在激烈竞争环境求存中提供了较为综合且明确的指导。

（三）作业成本计算与作业管理在西方国家的运用

库珀和卡普兰教授不仅在理论上提倡作业成本计算与作业管理，还将其在实务界进行积极推广，并总结了作业成本计算与作业管理实践的丰富经验。他们联合《成本管理杂志》，在管理会计协会和毕马威会计公司的资助下，精心选择了八大公司作为作业成本计算与作业管理的工作试点。

除此之外，库珀和卡普兰还于1992年出版了《实施作业管理：从分析到行动》一书，这本书中编辑了诸多来自实务界问题的答案。与此同时，作业成本计算与作业管理成为西方管理会计教材的首选内容，同时也是重点内容。这对于作业成本计算与作业管理来讲是一个再好不过的推广途径，为之后作业成本计算与作业管理的普及奠定了坚实基础。

之后许多美国会计理论与实务工作者将大学研究室和工厂进行适当结合，共同开展了作业成本计算与作业管理和其相关领域的规范与实证研究，并在短时间内传到了欧洲各地。

1. 作业成本计算与作业管理运用的背景与发展阶段

关于作业成本计算与作业管理的研究，在早期被大多数人认同，这是由于企业管理应对企业内部和外部经营环境的变化而对决策有用性成本信息的迫切需求所引起。鉴于科学技术的不断发展，以及所面临设计新型会计系统以支持企业生产战略变化的严峻挑战，原有传统成本会计系统在各方面都存在着一定的局限性。就目前来看，原有传统成本会计系统并不适合当今时代的制造环境。

随着市场竞争环境的日趋激烈，就要求企业能够更好地满足客户的需求，在制造工艺和技术方面也要进行不断地革新与完善，正因如此，成本管理被企业更加重视起来，因为在这样一个大环境下，企业迫切要求获得决策有用的成本信息。

2. 作业成本计算与作业管理在企业组织的运用领域

作业成本计算与作业管理的用途不仅体现在成本核算上，还在企业管理的其他相关领域发挥着举足轻重的作用。据相关调查表明，部分企业组织还利用作业成本计算进行库存估价、产品定价、预算、绩效评价考核以及客户盈利等。随着社会经济技术发展，实施作业成本计算与作业管理的条件日渐成熟，其运用领域得到了进一步扩展。

3. 作业成本计算与作业管理在西方国家的运用效果

自作业成本计算与作业管理问世以来就一直受到西方诸多研究者的关注，其主要关注于实务界所使用作业成本计算与作业管理有无明显效果。

（1）作业成本计算与作业管理的运用现状

据调查研究表明，作业成本计算与作业管理理论和实务在不断地进行更新以及完善，这就使它的运用范围逐渐扩大，由起初的制造行业扩展到各类公共用品部门、社会中介机构以及小型企业等。

（2）作业成本计算与作业管理运用研究相关结论

①实施作业成本计算与作业管理与否的主要原因

根据大量相关调查不难得知将其实施的主要原因有：现储存的成本信息不够准确、整体环境的竞争较为激烈、制定决策的信息目前还处于缺失状态、资源分配的问题目前尚未得到解决等。

不将其实施的主要原因包括，作业成本计算太复杂、耗费的时间过长、运用作业成本计算的收益存在不确定性、管理决策以及过程存在诸多不便、过高的实施费用、人力资源不足以及昂贵的培训费用等。

②使用作业成本计算与作业管理的公司特征

第一，成本结构。将作业成本计算引入的主要原因之一是由于最近几年企业的成本结构在一定程度上发生了变化，制造过程中所需费用的增加。介于这种假设，凡运用作业成本计算的企业都有一个共性——制造过程所需费用相对价值附加成本太高。据相关研究得知，制造过程所需费用的高低，与所使用的作业成本计算之间存在着一定关系，其主要呈现正向关系。

第二，现行的会计系统。现行的会计系统可以说是一种引进新型成本计算方法的价值评判手段。作业成本计算在一定程度上增加了成本库和成本动因。大多数企业在考虑实施作业成本计算时，几乎都会考虑是将作业成本计算作为独立的一个系统，还是将该系统与现行的会计系统融合。

第三，产品的多元化。产品的多元化是引起传统会计系统在计算产品成本时出现成本信息扭曲的主要原因之一。使用作业成本计算的企业大多都是产品多元化程度较高，可能有更多的产品线，不仅生产量大且其产品种类也颇多，其成本分配比只有少数或者某一品种的产品更困难。

第四，竞争环境。高度竞争性产品由于盈利较少而更需要精确的成本信息来确定其真实的盈利情况。也就是说，企业内部竞争越是激烈，作业成本计算的优势就会被充分发挥出来。

第五，公司的规模。研究表明，基于大企业本身的复杂性，导致这些企业存在更大的信息需求情况的出现，其本身又是一个信息的中心，有更多的资源来实施作业成本计算。作业成本计算与作业管理的传播采用一种类似分级目录扩散的方式，其首要任务是先在大型企业运用，之后再逐渐向中小企业扩延。

③运用作业成本计算与作业管理的预期收益和实施过程中存在的问题

总结西方诸多研究文献，不难发现运用作业成本计算与作业管理可能带来的收益包括：提供更为精确的产品成本；为定价策略提供相应的成本信息；加强对成本的有效控制；改善市场营销策略；提高产品的盈利性；确保可标识的成本动因；产品盈利性的有效分析；提供更相关的绩效评价指标。

与此同时，在运用作业成本计算与作业管理的过程中，可能会出现如下问题：成本动因难以标识；成本和成本动因之间的因果关系难以把握；作业成本计算的实施成本过高；与现存会计系统难以融合；企业高层管理人员对作业成本计算存有疑虑；难以获得底层员工的支持。

④企业运用作业成本计算与作业管理的满意程度

研究表明，绝大多数企业在运用作业成本计算与作业管理之后感到满意，而且对作业成本计算越满意的经理人越有可能采取实际行动有效地使用作业成本计算来影响决策。

二、中国作业成本管理会计的研究述评

（一）中国作业成本管理会计理论研究述评

中国学者在 20 世纪 90 年代初就已经开始关注作业成本管理会计理论研究，但开始阶段也只局限于基本理论的试探，如作业成本计算的优越性、作业成本计算在中国企业运用的可行性、作业成本管理会计的理论框架和基本内容等。

余绪缨是我国研究作业成本计算与作业管理的先行者，他敏锐地意识到运用作业成本计算构建作业成本管理会计的意义重大。他认为企业管理深入到作业水平，形成"以作业为基础的管理"，这在企业管理上又是一个新的重大突破。它以"作业"作为企业管理的起点和核心比传统的以"产品"作为企业管理的起点和核心在层次上更加深入，可视为企业管理上的一个重大革命性变革。之后，作业成本计算与作业管理理念开始引起学术界的广泛关注。

20 世纪 90 年代中期，中国会计学会主办的《会计研究》开始陆续发表有关作业成本计算法的介绍性文章。1994 年，以承担国家自然科学基金课题为契机，厦门大学成立了以余绪缨为负责人的课题研究组，专门对作业成本计算与作业管理展开理论研究。该课题组针对作业管理的基础框架、各组成部分之间的关系、作业成本计算与作业管理在企业管理上的特点以及西方作业成本计算与作业管理的研究回顾和动因分析等问题做了较为深入的探索。

余绪缨提出，企业应建立以作业管理为核心的新管理体系的基本框架。该基本框架是以高科技技术在生产领域的运用为条件，以"弹性制造系统"为基础，以"股东投资报酬现值最大化"为目标，以企业观的转变为起点，以作业成本

计算为中介，以作业管理为核心的互为条件、相互促进的整体。

胡玉明认为作业成本管理会计以作业为核心，以资源流动为线索，以成本动因为基础，以产品设计（成本）、适时生产系统（时间）和全面质量管理（质量）等基本环节为重点，优化企业"作业链—价值链"，塑造企业核心能力，提高企业竞争优势。在整体介绍作业成本计算的同时，有部分学者着重对作业成本计算或作业管理的某一个细节问题进行介绍，包括对成本性态、成本动因及作业成本法的某些概念予以详细介绍。

这些工作加深了中国学术界对作业成本计算的理解，使作业成本计算与作业管理体系更丰满、更具实践指导意义，引导作业成本计算的理论在中国走向实践。这个阶段的研究虽然在学术界取得了较大的反响，开始关注作业成本计算与作业管理，在管理理念引进和发展方面取得了一定的效果，产生了较大的积极作用，但不足之处在于大部分研究文献都是集中于作业成本计算与作业管理的理论介绍与分析。

中国学者已经认识到作业成本计算与作业管理的重要性，但基于当时中国生产技术、管理方法都较为落后的现实情况，在中国企业推广、运用作业成本计算与作业管理的可行性似乎不大。因此，相关研究文献总体上仍然停留在理论层面的研究，未能上升到运用研究阶段。

（二）中国作业成本管理会计运用研究述评

1. 作业成本计算与作业管理的运用范围不断拓宽

王平心等选取了西安农业机械厂作为作业成本会计的试点企业，通过研究作业管理在企业的具体实施情况，探究作业成本计算、作业管理在我国运用的现实性，得出的结论是作业成本会计能提供"更准确"的成本信息，适合条件的非先进制造企业也同样可以运用作业成本计算。

欧佩玉、王平心在中国先进制造企业初步进行作业成本计算分析和设计的基础上，结合企业实践阐述了作业成本计算实施的核心程序——作业分析法在中国先进制造企业的运用。该文献可取之处在于改进了作业分析法，将价值工程理论引入作业成本计算，提出了作业分析法的模型。通过模型分析了影响产出价值的各因素之间的关系，指出了提高作业效率、作业价值和产出价值的途径。该文献的某变压器厂的案例研究结果表明，作业分析法具有确认并消除浪费、降低成本的作用。

林斌、刘运国等则把作业成本计算的运用发展到了非制造企业领域。他们通过对中国铁路运输业运用作业成本计算的案例进行调查分析后发现：作业成本计算的运用领域不仅仅局限于先进制造企业，符合作业成本计算运用条件的企业都可以拓宽思维，利用作业成本计算为企业服务。与此同时，他们还认识到作业成本计算的成功实施要注意企业其他方面的配合和协调：需要领导重视，全员参与，特别是技术工艺人员的配合；有赖于企业的会计、计量、统计等基础工作；应与企业的其他管理信息系统相结合；健全的市场体制和完善的公司治理结构。

部分学者还研究了作业成本计算与作业管理在非营利组织的运用，也发现作业成本计算与作业管理在这些机构运用也能取得良好的效果。这些研究结果表明，中国对作业成本计算与作业管理的认识在不断深化，且随着生产技术的革新、先进管理手段的引入，中国企业组织运用作业成本计算与作业管理改善经营管理越来越具有可行性。

2. 作业成本计算与作业管理运用研究深度的延伸

朱云、陈工孟对香港运用作业成本计算的情况进行了调查和实证分析，发现作业成本计算在香港的使用并不很广泛，使用作业成本计算的企业在规模上明显大于没有使用作业成本计算的企业，而产品多样性、竞争压力和作业成本计算使用程度的正向关系，以及使用者和非使用者在成本结构上的差异并不显著，获得更为准确的成本信息是实施作业成本计算的主要动因。该文献调查研究结论在统计上不显著的一个可能解释是样本量较少，因此，可能影响到结论的可靠性，但研究的切入角度和规范的实证研究方法在当时的作业成本计算与作业管理的运用研究方面还是比较超前的。这表明了中国有关作业成本计算与作业管理的运用研究不断深化，该文献具有较为深远的意义。

根据胡奕明对中国企业运用作业成本计算与作业管理的情况统计分析和案例研究的结论，作业成本计算几乎未被企业运用，作业管理思想在一些企业局部性管理经验中有所体现，但有意识的、在作业成本管理理论指导下的运用几乎没有。作业管理及类似经验大多产生于局部性或专门性的管理当中，如产品、工艺设计、质量管理等，而全局性的、贯穿于企业各个方面的管理当中的案例或研究还很少。

胡奕明还认为，从企业生产经营环境看，中国企业虽然在某些方面出现了作业成本管理运行环境的特征，但总体还不够成熟。对此，她提出，中国企业在运用作业成本计算或作业管理时应分为以下三个步骤进行。

①应通过成本—效益分析方法判断其是否能为企业增效。

②应充分运用作业管理思想来分析、解决问题，而不必要求一定是高新技术制造企业。

③作业管理应逐步发展，不必一步到位。运用作业成本计算与作业管理不一定要局限于形式上。作业管理作为一种先进的管理思想，在企业的运用可以先行于作业成本计算，从局部到全面，逐步发展。在这里，作业成本计算与作业管理"运用"的观念得到了进一步延伸和深化。

作业成本计算与作业管理在企业具体运用过程方面的研究也不断得到发展。上海财经大学成立的作业成本研究课题组针对作业成本系统的建立及其与企业其他管理子系统的融合问题进行了较为系统的研究。潘飞、刘芙蓉、周为利等对作业成本系统设计的原则、应注意的问题、设计思路、调查工作、成本的归集与分配的设计、凭证和作业成本表的计算设计以及分录及产品成本表的设计等几个方面进行了研究。他们重点分析了作业成本计算运用的具体设计步骤，并指出设计一套科学合理的作业成本核算体系需要注意的问题。

王耕等还把作业成本计算与战略成本管理相结合，探索运用战略成本管理思想，将作业成本计算运用于成本管理实践及营销过程，以提高企业的竞争力。作业成本计算法还可用于预算制定、标准成本管理等，从而产生新的研究方向：作业基础预算研究和作业基础标准成本系统研究。

此外，作业成本计算与作业管理在物流作业成本管理等新兴领域的运用以及作业成本与目标成本规划的整合、作业成本计算与企业业务流程再造、基于作业成本计算与经济附加值的产品盈利能力分析、基于作业成本计算的转移定价研究、作业成本计算与其他现代管理会计工具的整合运用等方面也产生了一些具有扩展性的研究。由此可见，大部分研究者都详细介绍了作业成本计算与作业管理实施的过程，并且就实施过程中遇到的问题进行了总结，率先探索在中国推广作业成本计算与作业管理的实践经验。

从宏观上来看，这些文献赞同在中国运用作业成本计算与作业管理，并认为在中国目前的技术条件下至少可以部分地运用作业管理的某些思想。虽然中国学术界基本上对作业成本计算与作业管理形成了一致的看法，即认为作业成本计算要优于原有的成本体系，而且对作业成本计算与作业管理在中国的运用研究也比较关注和重视，并总结出一定的实践经验，但是作业成本计算与作业管理要在中国实际运用、广泛推广还存在不少障碍。

据相关调查得知，中国企业对作业成本计算的接受程度并不高，实务界对于作业成本计算与作业管理的了解程度并不像学术界想象的那样熟悉，理论上先进的管理思想并没有在中国实务界被主动接受。很多实施作业成本计算与作业管理的配套制度未能作相应改进和协调，影响了作业成本计算与作业管理的实施深度和广度。

企业计算机软件系统与作业成本计算和作业管理思想的整合并不理想，也很难为作业成本计算与作业管理的顺利实施提供可靠的保证。对于作业成本计算与作业管理的推广运用，使之能发挥应有的优化企业作业链和价值链的作用，还需要学术界与实务界的共同努力。

第三节　作业成市管理会计的发展前景

一、作业成本管理会计在中国的发展前景

关于作业成本计算，从根本上改变了传统成本会计理论和责任会计系统，所提供的成本信息在原来的基础上更为全面、客观和相关性。在此基础上，作业管理的产生扩展了成本概念的外延，大大丰富了成本内涵，改进了企业经营管理的决策能力和模式，优化了产品组合，提高了企业战略决策水平，使企业产品成本计算更准确、定价策略更灵活。同时它改进了预算控制、成本控制和责任中心的绩效评价，将作业管理、流程管理和顾客、市场、盈利能力分析在战略层面上综合、统一起来，致力于作业链和价值链的持续优化。作业成本管理会计的实施能给企业带来巨大的好处，当然，在实际运用中也要考虑到作业成本计算会受环境条件的约束和其本身的一些缺陷，要具体分析其运用的可行性。

作业成本管理会计的发展前景可以从企业外部和内部环境两方面分析

（一）企业外部环境分析

1. 工业技术革命的发展

作为工业技术革命的主要标志，在信息处理技术方面，可以说，给中国生产环境带来了剧变。首先，电子计算机在工业方面，不仅得到了广泛的运用，并且还在向网络化、集成化方向发展。其次，不仅是在很多高新技术企业之中，还是在部分经过改造的传统工业企业之中，都已经实现了生产自动化。最后，采用高新技术与网络信息手段两个方面相结合的生产方式，虽然在中国的企业之中，并没有占据主流的位置，但是从另一个角度上来讲，却预示了一种发展的趋势。

随着工业技术革命的发展，给经济环境带来了剧变的同时，还推动了中国经济的快速发展，从而，出现了一系列的新产业。首先，其标志不仅包括了产品个性化、经营多样化方面，还包括了资本与人才流动化，不仅作为一种社会浪潮，还已经开始成为社会现实。其次，在市场经营环境条件方面也出现了一些变化，不仅体现在需求的多元化、市场细分化，还包括了产品生命周期缩短等方面。最后，在先进生产方式方面，主要体现在以计算机集成制造系统为代表，已经逐渐注入中国企业，并且在三资企业和高新技术企业之中，关于该方面的表现更为突出。综上所述，可以说在作业成本计算运用方面，宏观经济环境已经基本具备。

2. 中国市场经济的现状

而中国市场经济的发展、市场机制的完善，要求企业建立现代企业制度，不断完善公司治理结构，以先进、科学的管理手段组织企业经营活动。为了适应日益激烈的市场竞争环境，在竞争中不断发展、壮大，企业内部经营和组织形式也要改进，改革传统的成本管理制度是重中之重，由此产生对先进成本核算和管理工具，即作业成本计算与作业管理运用的迫切需求。可以说，企业外部市场的压力必然会传导到企业内部环境，成为企业自觉运用作业成本计算与作业管理的内在动力。

（二）企业内部微观环境分析

首先，在中国企业当中，有部分大型制造企业在自动化方面，不仅已具备一定的基础，并且还已达到了一定的水平，从而为作业成本计算的运用创造了条件。中国企业内部生产组织也在逐步引入、采用先进制造系统，并且在生产过程中的系统控制、质量管理、预算管理和成本管理等方面也都在不断进步。虽然并不是绝大多数企业都能基本达到全面实施作业成本计算与作业管理的环境条件，比如在硬件设施的改善方面还有一段路要走，但需要认识到，面对激烈的市场竞争环境，企业对改革传统成本会计系统有着迫切的需求。

因此，在现在的技术条件下，不同的企业可以根据自身的情况选择全面实施作业成本计算或者在生产、工艺设计、质量管理等局部性或专门性的管理中运用作业管理的思想。况且，随着高科技在企业中更深入地运用、市场竞争的加剧和顾客需求的多样化，作业成本计算在中国企业运用的客观条件必然越来越成熟。据调查，市场竞争程度较高行业的某些先进大型企业如科龙集团、美的集团等，均已经采用企业资源计划（ERP）系统，并且在其内部管理过程中运用了作业成本计算与作业管理，取得了一定的成效。这也预示着作业成本计算与作业管理在中国大型企业的发展前景。

其次，随着中国市场经济的发展，企业内部治理机制的持续完善，也为中国不仅在企业运用作业成本计算方面，还在作业管理方面创造了条件。随着中国市场化程度的不断提高，企业治理结构得到了重视和完善，很多企业经理人的报酬与绩效直接挂钩，从而有效地促进和激励了经理人努力经营企业。经理人要以维持企业的长期生存、发展为经营目标，需要不断接受先进的管理理念，以战略的眼光进行生产经营决策，并采取有效的管理手段进行内部管理。作为能全面优化企业价值链，不断提高企业价值的作业成本计算与作业管理先进管理体系，恰恰能满足经理人在成本及企业管理各方面的要求。反过来，企业经理人的大力支持又为运用作业成本计算和作业管理，提供了重要的实施条件，这样，不仅有助于作业成本计算，还有利于为作业管理创造条件。

最后，作业成本管理会计系统主要作为管理会计的一个重要理论创新，在管理会计实务中也已得到一定程度的运用，而且运用效果还比较好，证明了其可行性和科学性。要在现有的财务会计系统下运用作业成本计算与作业管理还有一定难度，因为它与现行的会计系统还存在较多的冲突。很多时候在企业运用作业成本计算可能要考虑建立另一个成本会计系统，并要求重新整合企业的业务流程，这样所花费的人力、财力的成本太高，技术上和经济上的可行性也需要认真权衡。

从另一个角度出发，以作业成本计算为立足点，与传统完全成本计算法进行比较，可以说是复杂得多。首先，关于作业成本计算的运用，虽然在这个过程之中需要投入大量的资源，但是它不仅包括了在传统完全成本计算法上所具有的优点，还包括了变动成本计算法的优点。其次，在作业成本计算的运用上，与企业其他的信息系统方面，能够进行互相衔接和融合，能起到使企业内外部各利益相关者对于会计信息的要求得到满足。其要求主要体现在以下几点。

①在时代发展方面。随着计算机技术的不断发展和得到广泛运用，以及多媒体信息共享方面的发展，使实施作业成本计算和作业管理的难度得到大幅度地降低。

②在成本效益方面。企业内外部在采用信息的时候，共享来自一个系统的信息，这样做的话，与保持多个信息系统相比，其所产生的成本要低得多。

③在会计规范方面。一方面，随着作业成本计算不断改进，另一方面，会

计准则的逐步完善，在其两者之间的冲突会逐渐消失。

从企业外部和内部环境进行分析，可以得知：不管是先进的作业成本计算，还是作业管理的理念，在中国都具有非常广阔的发展前景。究其原因，这是作业成本计算和作业管理理念，两者本身所具有的特点及其产生的背景决定的。

虽然中国企业真正运用作业成本计算与作业管理还比较少，但在不远的将来，作业成本计算与作业管理必将能在越来越多的企业发挥积极作用。这是时代进步的驱动，还可以说更是中国企业自身发展需要的显示。

二、作业成本管理会计领域未来可能的研究方向

通过相关文献综述和对中国运用作业成本计算与作业管理的前景描述，为研究者未来的研究指明了方向。作业成本计算与作业管理的顺利实施要求学术界和实务界共同努力，以理论指导实践，从实践获取经验，再反馈到理论，升华和丰富理论，循环反复是一个理论和实务都能得到不断完善的过程。

（一）理论方面

从理论上看，首先，研究者要拓展作业成本计算与作业管理的外延。尽管作业成本计算与作业管理的理论已经趋于完善，但还有很多发展的可能性。作业管理理论融合了现代管理理念，要认识到它不仅仅适用于不同领域的企业，在企业管理方面的运用也要全过程和全方位拓展，可以在统一作业管理基本原理的基础上，发展适合不同行业领域（如工业、非营利行业等）运用的作业管理理论。其次，研究作业管理理论与其他现代管理会计工具及管理方法的融合使用也是实务界实施作业管理的迫切要求，可以把作业成本计算与作业管理理念和预算管理、平衡计分卡、经济附加值、标准成本系统、目标成本系统等管理思想和手段联系在一起，改进作业成本计算，增加其可行性。最后，在减少作业成本计算关于成本动因的选择和作业成本分配的随意主观性问题上，也要求发展成本动因理论。在成本动因的选择、成本动因分析模型等方面还有非常广阔的空间。成本动因分析与选择方面还可以与管理科学和工程等学科结合起来研究，这可能是未来该方面的一个研究方向。此外，由于作业成本计算得到的成本数据对预算与绩效评价的影响，这方面的结合研究也将是一个有意义的领域。

（二）实践方面

从实践上看，要更新观念，根据实际情况多角度不同程度运用作业管理。如果企业某些条件在作业成本计算的实施要求方面，没有达到其标准，那么就可以考虑是否在局部运用作业管理思想，进行成本管理，达到改善企业经营活动的目的。除了通过作业成本计算原理的方法，改良企业其他管理子系统（如预算、标准成本、绩效评价系统）外，运用作业成本计算与作业管理时还要考虑产品生命周期的影响，处于不同生命周期的产品的作业划分、成本动因选择可能存在很大的差异。

（三）运用方面

在运用的实证研究上，也要更新研究方法，一些可能的研究方向包括：不同的企业特征对作业管理的实施是否具有不同的影响？成本动因的选择是否直接影响企业的经营能力？企业技术经济环境对其有效实施作业成本计算与作业管理的影响如何？比如有的企业是高新技术企业，有的企业电子计算系统、信息化实施的基础好，从理论上看，此类企业应更有利于实施作业成本计算与作业管理，而实际情况又是如何？企业内部治理对有效运用作业成本计算与作业管理有何影响？此外，从理论上说，间接费用或间接成本比例高的企业，比如交通运输业、咨询服务业及其他第三产业的行业，实施作业成本计算与作业管理应该具有更大的优势，实际情况又是如何？为何理论预期与实践效果存在差异？对此，可以对中国企业进行实证调查研究，这也是非常有意义的研究课题。已有的研究都认可作业管理对改善企业绩效具有积极作用，但具体与企业价值增值的联系也还有待实证检验。

当然，调查、实地／案例、实验等多种研究方法的综合运用，也是作业成本管理会计未来的研究方向。

第六章 当代管理会计的新发展——人力资源管理会计

在当前管理会计的发展中，随着人力资源管理在企业中的作用变得越来越重要，人力资源管理会计也成为管理会计发展的一个重要方向。对于现代企业来说，人力资源会计是必不可少的，本章即对人力资源管理会计的概念、内容、作用、发展、意义等方面展开论述。

第一节 人力资源管理会计概述

一、人力资源

人力被定义为人的能力，是指人类所拥有的包括知识、技能、智力和体力的总和。资源分为自然资源和社会资源两大类。美国学术和教育之父韦伯斯特认为资源具有可利用性，能够达到满足某种需要的作用。因此，从这种理解上来说，可以将人力资源认为是以人的生命为载体的社会资源。在生产活动中，作为社会资源的人力资源通过与物质资源的结合，能够创造出一定的物质财富。进一步来说，对于人力资源，可以将其定义为某一国家或地区中，所有的具有劳动能力的人口总数（不论其是否处于劳动年龄范围），或者说是在一定的时期内，某一组织所拥有的能够创造价值的各项因素的总和（包括智力、体力、技能等）。

二、人力资本

资本是指能够创造、带来新增价值的价值附着物，可作为人类创造物质、精神和信用财富的各种社会经济资源的总称。在会计领域，资本是指生产及进一步生产所用的财物或可以获得货币收益的财富。我们所认为的资本一直都是指物质资本，直到 20 世纪 60 年代，人力资本理论的创始人舒尔茨在发表一系列有关人力资本理论的论文中提出了人力资本的概念，将资本的范围从只包括实物资本的传统资本扩大为物质资本和人力资本。

舒尔茨指出，人力资本才是决定经济发展和国家贫富的关键。他将人力资源理解为人们用于教育、健康等方面的资本。这种人力资源的资本，以一种非物质资本的方式表现出来，如人们获得的良好体魄或掌握的某种知识、技能等，其能够在某些经济活动中，发挥创造价值的作用，使作为经济活动主体的人获益。

通过对人力资源和人力资本这两个概念进行定义的分析可以发现，这两者之间，既存在着一定密切的联系，同时也存在一定的差别。

这两个概念之间的联系有着两方面的表现，其一方面表现在理论上，即人力资源理论以人力资本为依据，以人力资源为基础内容。另一方面的联系，即人力资源质量与人力资本存量之间的关系，对人力资源进行投资，能够带来人力资本存量的增加，其结果表现为人们在技能等方面的提升，使人力资源的质量得到提高。

这两个概念之间的差别同样也表现在两个方面。一是在侧重点不同。人力资本侧重于资本，其从本质上来说属于一种投资，在付出一定的投资后，能够使人在经济活动中创造收益，从而实现投资成本的回收和盈利。而人力资源则侧重于作为生产要素的人在生产过程中创造价值的能力；二是研究角度不同。人力资本是一种通过投资存在于人身上的资本形式，其通过体力、智力等因素的发挥，创造价值。因此，人力资本是从成本与收益的角度研究人在经济增长中发挥的作用，投资与收益是其研究的主要问题。而人力资源则将人作为财富来源，是从人力资源的投入以及产出角度出发，研究人力资源对于经济发展的作用，即研究的是人力资源在经济活动中的产出问题。

三、人力资产

关于人力资产的定义，主要有以下几种。

美国财务会计准则委员会将人力资产定义为，人力资产是主体在过去的交易中所能够获得的可预期利润，或是获得的对未来利润的控制。

国际会计准则委员会将人力资产定义为，企业由过去的某一事项所控制的资源，这种资源能够通过该事项成为资本，这种资本还能够进入企业未来的利益活动中。

我国《企业会计准则》则将企业资产定义为："资产是企业所拥有或者控

制的、能以货币计量的经济资源，包括各种财产、债权和其他权利。"通过这一定义可以发现，资产在传统会计中需要具备三个基本条件：一是为企业所控制；二是能够以货币的形式进行计量；三是能够为企业带来未来收益。当企业通过聘用或借用期间向受聘或借用者支付工资等费用时，可以实现对人力资源的拥有或控制，利用人力资源为企业创造利润。控制和利用人力资源产生的成本以及人力资源带来的收益都是可以用货币计量的。人力资源作为一项没有实物形态的资产，在长期使用中能为企业创造或将要创造价值，带来未来的经济利益。所以，人力资源理所应当是会计主体的资产，更确切地说，它是企业中一项举足轻重的无形资产。因此，我们可以认为企业所拥有或控制的人力资源是满足资产的确认条件的，也就是说人力资产是企业一项重要的特殊资产。在对企业进行资产核算时，也必须将人力资产包括在内。

通过上述对人力资产的定义进行分析，可以认为人力资产是企业以产权交易形式所获得的、为企业所拥有或控制的、能够以货币形式进行计量的、能够为企业创造收益的人力资源。

关于人力资源管理会计的定义，主要有以下几种观点。

美国会计学家弗兰霍尔茨在其《人力资源管理会计》一书中将人力资源管理会计定义为将人作为成本和价值进行计量和报告，包括计量人力投资与成本的会计和计量人力经济价值的会计。

美国会计学会人力资源管理会计委员会将人力资源管理会计定义为，用于鉴别和计量人力资源数据的一种会计程序的方法。人力资源管理会计的目的是为企业内外相关人士提供企业人力资源变化的信息。

另外也有观点认为，人力资源管理会计的定义存在广义和狭义之分。广义的人力资源管理会计是指从社会的角度对人力资源所进行的确认、计量、记录、报告和管理的社会人力资源管理会计。而狭义的人力资源管理会计是指从企业的角度对人力资源所进行的确认、计量、记录、报告和管理的企业人力资源管理会计。我们通常所说的人力资源管理会计指的是狭义的人力资源管理会计。

四、人力资源管理会计的基本职能

职能是指事物的本质功能，会计具有反映、控制、评价、预测和参与决策五项职能，人力资源管理会计同样具有五个方面的基本职能，其具体表现如下。

（一）反映人力资源管理活动

通过一系列会计程序提供人力资源的相关信息，使相关信息的需求者能够了解企业人力资源的相关经济和管理活动情况及其变化，而不是对企业人力资产以及人力资本投资的状况茫然无知。

（二）控制人力资源管理活动

控制，简单地说就是对实际活动的结果脱离规定目标的偏差进行干预和纠正，在人力资源实行预算管理或成本计划管理时，人力资源管理会计提供的信息可以揭示计划和实际间的差别，起到反馈控制的作用。而且，在人力资源管理会计形成完整的体系并有相应的法规后，还可以通过自身严密的系统控制经济活动的合理性及合法性。

（三）评价企业的业绩

传统会计只能提供企业经营的经济信息，无法提供人力资源管理活动的有关信息，因此无法对企业的业绩作出全面的评价。人力资源管理会计填补了这个空白，使对企业业绩的评价更全面、更公正。

（四）预测人力资源需求

根据企业未来的生产活动计划，参照企业之前的人力资源信息，完成对人力资源需求的预测，继而可以预测出未来人力资源管理的资金需求情况。

（五）参与决策

人力资源管理会计通过提供企业人力资源的相关信息，企业的人力资源管理者能够在招聘、雇佣、培训和辞退等方面进行更科学地决策。同时，人力资源信息还可以在企业需要进行战略决策的时候起到辅助的作用。

五、人力资源管理会计的基本前提

为了便于人力资源管理会计研究的开展，可以设定一些先决条件，作为研究的基本前提或假设。

人力资源的价值是可计量的，并能在对外财务报表中得到体现。这实际上涉及人力资源管理会计的基本问题，因为人力资源管理会计研究的理论前提及依据便是要重视人力资源的价值。只有进一步地完善人力资源财务会计理论并使其得到较好的实施，才能够更充分、更广泛地开展人力资源管理会计研究。

人力资源价值是管理方式的函数。设定这一前提是因为人力资源价值的体现也会受到企业管理方式的影响。例如，企业良好的培训激励晋升政策能有效地提高人力资源的价值；相反，松散的或过于呆板的管理方式可能会挫伤员工的积极性，从而影响其价值的实现。这说明了人力资源管理的重要性。人力资源管理会计便要肩负向内部管理者提供与人力资源决策相关信息的责任，从而使企业人力资源整体价值能得到很好地实现并价值的增长。

人力资源管理信息与决策关系紧密。人力资源管理是现代企业管理中的重要组成部分，涉及人员的招聘、培训、配置、调动、工资管理等，这些都是企业生产经营活动的关键。譬如，企业招聘成本信息将会影响到企业定员的决策，企业培训效益的预测信息将会影响到企业人力资源开发决策等。人力资源管理会计所提供的准确的人力资源信息，能够为管理者作出正确经营决策提供重要依据。

第二节 人力资源管理会计的内容、作用与应用

一、人力资源管理会计的内容

（一）人力资源管理会计的主体、目的和对象

1. 人力资源管理会计的主体

人力资源管理会计作为一种人力资源核算的程序和方法，其只有在一定的主体下才能实施。人力资源管理会计通常是以组织为主体的，只要该组织涉及人力资源管理工作，就会成为人力资源管理会计的主体。根据组织性质的不同，可以将人力资源管理会计的主体分为社会和企事业单位两种类型。

以社会为主体的人力资源管理会计主要是对社会经济资源中的人力资源进行会计处理，包括对社会人力资源的需求预测、价值核算与评价、成本效益核算与决策等。

以企事业单位为主体的人力资源管理会计则是对企业人力资源相关的计量、分配、评价等的会计核算。

2. 人力资源管理会计的目的

提供有关人力资源变化的信息，是人力资源管理会计的主要目的。

对于社会主体来说，人力资源管理会计的目的就在于根据社会人力资源管

理的相关信息，为国家的人力资源决策提供科学的依据，以实现社会人力资源在供需上的平衡。通过对社会人力资源的投资成本与效益进行分析，国家相关部门能够有效掌握人力资源投资的投入与产出，实现社会人力资源的效益优化。

企业的人力资源管理会计则是出于追求更高的效益，掌握了人力资源的相关信息后，企业就能据此对人力资源进行优化配置，科学利用人力资源，使企业在与人力资源相关的问题上都得到有效满足，提高企业的人力资源投资水平，科学进行人力资源相关的权益分配，从而充分调动员工的积极性，为企业创造更大的效益。

3.人力资源管理会计的对象

人力资源管理会计的对象指的是人力资源管理会计主体对人力资源的投入与产出。

人力资源的投入即人力资源所产生的各项成本，包括人力资源的获得成本，如招聘与考察成本等；人力资源开发成本，如员工培训成本等；既定人力资源替代的成本，如员工的退休金等。

人力资源的产出即在付出人力资源成本投入后所带来的收益，包括人力资源的增值、在使用过程中人力资源创造的价值。劳动者依靠自身的人力资源价值参与企业利润的分配，也属于人力资源产出的一部分。

（二）人力资源管理会计的核算

获取和开发人力资源需要付出一定的成本，同时人力资源自身也具有超出其投入的价值。因此，人力资源管理的会计核算也包括两部分，即成本与价值。人力资源管理会计核算的内容包括成本价值的确认、计量、报告三个部分。

1.人力资源成本

（1）人力资源成本的内涵

人力资源成本主要包括两个部分，一部分是人力资源的历史成本，另一部分是人力资源的重置成本。

人力资源的历史成本又可以进一步分为取得成本、开发成本与使用成本。其中取得成本即企业在人力资源的获取、开发、使用上所投入的成本。如企业发布招聘信息、招聘员工所投入的成本，分配和安排员工岗位花费的成本等。人力资源的取得成本又可以称为原始成本。

开发成本即企业为了使员工能够符合企业工作需求或是提高员工的技术水

平与综合素质所付出的成本，主要是对员工进行各类培训所付出的成本，包括在员工入职时为使其尽快熟悉企业并达到具体的工作岗位所要求的业务水平，或为了提高在岗人员的素质而开展教育培训工作时所发生的支出。企业对员工的培训成本主要包括入职前的规章制度、技能、企业文化培训，在不脱离工作岗位的情况下对在职人员进行培训所发生的支出，企业在职员工的脱产培训等产生的成本。

人力资源的使用成本是指，企业为补偿或恢复作为人力资源载体的企业员工在从事劳动的过程中其体力脑力的消耗，而直接或间接地向劳动者支付的费用。这包括为保证人力资源维持其劳动力生产和再生产所需的维持成本、为激励职工使其更好地发挥主动性、积极性和创造性，而对员工作出的特别贡献所支付的奖励成本和为了调剂职工的生活和工作、满足职工的精神需求的调剂成本。人力资源使用成本的投入，不仅能够起到稳定企业现有人力资源队伍的作用，还能通过自身稳定的人力资源队伍，对外部人力资源产生吸引作用，吸引新的人力资源进入企业。

所谓的人力资源重置成本，即由于企业人力资源变动所产生的费用，其又可以分为个人重置和职务重置两种。个人重置成本即用能够提供同等服务的人员代替现有雇佣员工所发生的成本。个人重置涉及一定职务时，就称为职务重置成本。

（2）人力资源成本核算的方法

人力资源成本的核算是指以对人力资产的投入作为人力资产价值进行计量，具体的核算方法有以下几种。

①历史成本法。即会计主体以人力资源的历史成本为原则来计量人力资源成本的一种核算方法，反映了企业的实际成本。历史成本法符合传统会计的核算原则和核算方法，被广泛接受且易于理解。

②重置成本法。重置成本法即以人力资源的重置成本为计量原则来计量人力资源成本的一种核算方法。重置成本法能够反映出企业当前在人力资源的获取和控制上所付出的部分或全部实际成本的价值。这种方法在核算时不仅增加了会计核算的工作量，且重置成本带有很大的主观性，脱离了实际成本。在核算时要按重置成本调整人力资源成本的账面余额，再与原账面余额的差额作为人力资源损益计入当期利润总额，同时对以后会计期间分摊的人力资源成本也要进行相应的调整，这样容易导致提供的会计信息失真。但重置成本法提供的信息对管理者进行决策时具有参考价值。

③机会成本法。机会成本法即以人力资源的机会成本为原则来计量人力资源成本的一种核算方法。人力资源的机会成本即企业在利用人力资源的过程中，为了获取某种收入，而放弃当前的某种收入所付出的成本。例如企业为了提高人力资源的价值，就需要对员工展开一定形式的培训，这其中就包括员工脱产培训的方式。在这一培训方式下，员工需要暂时离职，因此在这一期间就不会投入到企业的生产活动中，从而使企业遭受一定的经济损失。此外，企业出于各种原因也会对人力资源进行一定调整或优化，如对于一些技术能力和综合素质达不到企业要求的员工，企业会对其进行解雇，这也带来相应工作岗位的暂时空缺，并在空缺期间使企业遭受损失。需要注意的是，机会成本虽然也是企业付出的成本，但是其并没有表现为实际的支出。因此，如果将机会成本作为企业人力资源的损益而计入当期损益，就会造成会计信息的失真。机会成本法提供的信息可以作为管理者进行决策时的参考。

2.人力资源价值

人力资源价值即人通过劳动、技能或知识所创造出的价值。人们通过不同的活动方式运用自身的能力创造价值，又互相交换价值。对于企业来说，人力资源价值是企业的员工运用他们所拥有的能力在未来特定的时期内为企业创造的价值。

（1）人力资源价值内涵

①人力资源的交换价值和剩余价值。按劳动者自身的能力为企业所创造价值的外在表现，可以将人力资源价值分为交换价值和剩余价值。劳动者在企业的生产活动中付出体力与智力上的劳动，企业作为交换，需要向劳动者支付一定的工资报酬，这部分为人力资源的交换价值。而劳动者在剩余劳动时间进行生产活动所创造出的价值，则为剩余价值。

②人力资源的基本价值和动态价值。只要劳动者能够从事简单的劳动，其便具有人力资源价值，这部分便是人力资源的基本价值。但是，由于纯粹的劳动力创造的价值对经济贡献很小，企业为了提高人力资源所能够创造的价值，就必须对其进行开发，使人力资源在技术等方面获得提升。与基本价值相比，人力资源价值的提升部分，就属于动态价值。

（2）人力资源价值的核算方法

人力资源价值的核算主要按照是否用货币进行计量，分为货币计量方法和非货币计量方法。当人力资源价值能够用货币单位直接进行计量时，使用货币计量方法。当人力资源价值不能直接用货币单位进行计量时，就需要以非货币的形式对其进行计量，使这部分价值得到合理的反映。

①货币计量方法。对于这两种货币计量方法，还存在着一定的争论。主张个人价值计量方法的人认为个人的人力资源价值总和构成企业人力资源价值，企业的许多决策都是以个人决策为中心，经营成果的好坏往往与个人的工作经验、领导能力有关。主张组织价值计量方法的人则认为个人是难以离开组织的，个人一旦离开组织，便难以对其进行人力价值的衡量。因此，人力资源价值的计量应以组织为单位，个人的人力资源价值总和也并不一定等于组织的人力资源价值。

②非货币计量方法。人力资源的某些价值因素是无法用货币进行计量的，如个人的知识水平、工作态度、业务技能和适应能力等，这些都会影响个人在未来特定时期为企业创造价值的能力，从而影响其个人人力资源价值的体现，这时只能用非货币计量的方法来计量和进行分析说明。非货币计量方法通过建立反映员工真实面貌和工作能力的信息档案，包括能力一览表、业绩评估表和技术评估表等，为企业提供一些无法用货币计量提供的信息，从而使管理者了解员工情况，分析员工的具体价值，进而采用适当的管理方法和相应的措施。

二、人力资源管理会计的作用

人力资源管理会计除了能为相关主体提供所需的人力资源信息外，还可以发挥其他方面的作用。

（一）为企业管理者提供评价人力资源决策方案所需要的信息

在现代企业管理过程中，如何将员工合理安置到各个岗位，使其发挥最大效用，是企业十分关心的问题。企业通过人力资源管理会计核算提供的某些可计量的价值指标，可为企业人员配置、人力资源开发、业绩评估以及劳动报酬支付等人力资源管理和人事决策提供科学的经济核算信息，帮助企业管理者作出合理的人力资源决策，减少不必要的人力资源成本支出，及时发现和纠正人力资源管理中存在的问题。

（二）向政府部门和社会公众提供反映企业劳动就业的信息

企业是社会活动中不可或缺的经济主体，企业不仅要向政府部门和社会公众披露其财务状况和经营成果，还需披露其履行社会责任的状况，人力资源管理会计是提供企业履行社会责任的一个主要信息来源。企业在谋求利润最大化的同时，必须兼顾企业职工、消费者和社会公众的利益。企业为劳动者提供就业岗位，在一定程度上帮助社会解决就业问题，且为政府有关部门提供了劳动就业方面的信息。

（三）有利于国家有关部门进行宏观调控

在知识经济时代，企业通过人力资源管理会计核算所提供的人力资源信息，能够为政府有关部门在人力资源的预测、决策、规划及相关人员选拔等一系列活动，提供对人力资源较为准确的计量和计算，帮助各级管理部门了解社会人力资源的维护与开发运用情况，从而制定有效的人力资源开发管理工作方案，引导人力资源的合理流动进而有效地促进社会的经济增长。

（四）限制企业经营管理者有害的短期行为

现代企业的所有权与经营权是分离的。因此，对于企业所有者来说，为了实现对经营者的监督与控制，必须依靠会计部分。对于企业经营者来说，其最主要的目的就是在经营企业的期间，争取最大的经济利益。企业经营者的经济利益与企业的业绩是直接相关的，因此，为了追求短期的业绩，可能会采取一系列措施，通过减少成本或是虚增利润的方式，达到增加业绩的目的。在人力资源投资上，这些短期行为包括减少人力资源开发成本、削减员工工资、以成本低廉的水平较低的人力资源代替成熟的人力资源等。这类行为的实施，将对企业的生产和经营造成不利的影响，会损害企业的长远利益。而在人力资源管理会计核算下，企业的经营管理者就需要对企业的长远利益进行充分考虑，对人力资源进行科学和充分地投入，结合企业人力管理会计提供的人力资源信息，及时解决企业人力资源中存在的问题，对人力资源进行有效的配置和使用。

三、人力资源管理会计的应用

（一）人力资源管理会计对决策的影响

通过人力资源管理会计能够为企业管理者提供人力资源相关的各类信息，如人力资源财务信息等。在掌握这些信息的基础上，运用科学的理论，尤其是经济数学的一些分析方法，对人力资源信息进行综合分析，以制订若干个可供选择的方案并作出符合企业利益的选择。

人力资源管理人员在提出决策内容后，会计人员首先应设计出几种可供选择的决策方案，提出实施人力资源决策的具体对策，在决定备选方案时，通常需要使用会计、经济数学、统计等方法来对每一个方案的支出和未来可能带来的收益进行估计，这对于人力资源决策是一个很重要的环节，如果这个环节出现错误，那么以后的所有工作都将变成徒劳。这是因为决策的基础不对，即使决策方法再精确、再细致也不会有正确的结果。在备选决策方案确定之后，要做的工作便是对已形成的方案按照经济分析的方法来权衡利弊、评价优劣。这是整个人力资源决策过程中关键的环节，如果出现差错，将会直接影响到企业的利益。选择方案的常用方法有差量分析法、投资回收期分析法、效用理论、净现值分析法、线性规划、网络图决策法及期望理论等。决策并没有在作出决策方案选择后便完结，作出的决策还需要实施，并且，在实施过程中反馈回来的信息往往可以指导我们对决策方案进行调整或对下次类似的决策有所帮助。因此，会计人员还需要对那些在实施过程中反馈回来的信息及时加以记录、提炼，并在以后的决策过程中加以运用。理论就是在不断的实践中发展起来的，而更完善的理论同时又可以更好地指导实践。

1.人力资源招募决策

企业为了更好地发展，在人员空缺时会需要在某些职位上招聘新的员工，在进行招聘决策时经常会遇到这样的问题：是从外部招聘还是从企业内部提拔，是通过中介机构（如猎头公司、人才中心等）招聘还是通过媒体向社会公开招聘，是否需要新设某个职位以供招聘新的员工或者取消某个职位将员工调离等，还有许多类似的问题。往往管理人员会因为得不到准确的数字信息而不知该如何取舍，人力资源管理会计可以在这方面给管理者一定的信息和建议。

2.人力资源开发决策

人力资源开发是以发掘培养、发展和利用人力资源为主要内容的一系列有计划的活动过程，它包括人力资源的教育培训、管理及人才的发现、培养、使用与调剂等环节。人力资源开发的决策主要涉及对哪些人员进行培训、选择培训方式和培训内容等。

（二）人力资源管理会计中的激励机制

在企业中，如何对员工的工作动机进行引导和激励，是绝大多数管理者必须考虑的重要问题之一。对人力资源进行激励的目的，就是要实现人力资源价值的最大化。在一定的激励机制下，人力资源能够为了达到企业的目标发挥出最大的努力。实现对人力资源的有效激励，关键就在于这种激励能否满足员工在某些方面的需要。因此，可以说人力资源的激励与员工的经济利益是直接相关的，对员工利益的影响，直接关系到人力资源管理会计激励机制的效果。

人力资源管理的学者们提出了许多有关员工激励的理论，如马斯洛的需求层次论、X理论、Y理论、期望理论及公平理论等。但是由于激励涉及职位、工作性质、人的性格和偏好、企业所在地的社会环境及风俗习惯等诸多极其复杂的因素，因此并没有唯一的最佳答案。但是，长期以来的实践也形成了些有效的方法，如对生产工人进行激励的计件工资、标准工时制和班组或团队激励计划，对中高层管理人员进行激励的年度奖金、股票期权计划，以及对企业整体激励的利润分享计划、雇员持股计划、收益分享计划等。那么，人力资源管理会计在激励计划的制订和实施过程中能起到什么样的作用呢？这些应用问题还属于人力资源管理会计研究的薄弱环节，学者们都少有涉及。这一方面是因为人力资源管理会计研究尚在起步阶段，研究尚未深入；另一方面则是因为激励问题本身带有很大的不确定性和模糊性，难以用科学和经济数学方法进行定量的分析和决策。由于人力资源激励问题本身的特点，决定了人力资源管理会计在激励计划的制订和实施过程中只能起到提供参考信息以辅助决策的功能，而无法像固定资产更新、长期投资项目或企业内部转移价格等问题一样，通过使用一定的分析方法就可以得出明确的结论。

1. 企业工资制度的确定

工资制度是企业的一项基本制度，合理公平的工资制度也许并不能起到很大的激励作用，却是确保公平、避免员工产生不满和消极情绪的基本要求，是激励计划实施的基础。而且，金钱确实也是激励的一种重要手段。在企业制定工资方案的过程中，管理人员在保证内部公平和外部公平的前提下，确定不同职位的工资等级，并通过工资曲线确定不同等级的工资。在工资方案初步确定后，会计人员需要按照方案中所确定下来的工资，估计测算每期是否有足够的现金流量来支付员工工资，或者在支付员工工资后是否有足够的现金流量来进行其他需要支付现金的经营活动。工资是企业每期都必然发生的大笔现金流出，管理人员必须考虑到它给企业现金流量带来的影响。另外，企业员工工资尤其是生产人员工资将会直接分配到产品成本中去，这样，会计人员就需要确定工资方案会对企业产品成本产生的影响，以及由此会对企业产品定价或利润带来的影响。会计人员应该将这些反映工资对企业经营及财务状况影响的信息提供给管理者，以便于管理者有根据地对工资方案进行修正或进一步的确定。

2. 年度奖金的确定

很多企业利用年度奖金计划来激励中高层管理人员提高短期绩效，工资一旦确定下来一般不会随绩效的下降而削减，而短期激励奖金的总额很容易随绩效的改变而发生波动。年度奖金的确定依赖于员工个人的绩效和整个企业的绩效（即企业当年利润），这样在确定年度奖金的金额时首先需要会计来提供有关企业本年利润及本年可分配利润的金额，以确定企业可以用于发放年度奖金的红利基金。会计人员还必须明确下期的现金需要量以及下期是否有较大的投资需求。一般管理人员的分红基金有以下可行的方案。

分红基金 = 净利润 × （1-5%）× 10%，其中扣除的是 5% 的资本投入。

分红基金 = 净利润 × （1-6%）× 12.5%，其中扣除的是 6% 的股东收益。

分红基金 = 净利润 × （1-6%）× 12%，其中扣除的是 6% 的资本净额。

在确定了红利基金的数额后，企业可以再根据员工的个人绩效情况确定向各个员工发放年度奖金的金额。

（三）人力资源管理会计对预测的影响

会计是整个管理会计体系中很关键的一部分，它不仅是人力资源决策的基础，也是企业其他预测如成本预测、利润预测等的基本环节。传统会计的全面预算中没有涉及人力资源预测的问题，实际上根据企业计划销售量的不同，企业人员也会出现变化，而人力资源成本和工资成本将随之变化，从而导致全面预算利润的变化。因此，人力资源预测是人力资源管理会计中一个不可忽视的环节。

在制定人力资源计划时，需要进行三个方面的预测：人员需求预测、外部候选人供给预测和内部候选人供给预测。

1. 人员需求预测

人员需求预测是这三个方面预测中最关键的一环，在人员需求预测中主要考虑的是生产和销售的需求，同时还应该注意到企业可能发生的雇员流动，企业有关提高产品质量或服务质量的决定，以及雇员的质量与性质是否需要改变等问题。在进行人员需求预测时有两种主要的方法。

①趋势分析法。趋势分析法是指通过分析企业过去五年时间内的聘用趋势，然后以此为依据来预测企业未来人员的需求。可以以整体趋势或各类人员的聘用趋势来预测未来人员的需求。趋势分析法在只作为一种初步分析预测时是很有价值的，但这还远远不够，因为聘用水平很少只由过去的状况决定，其他很

多因素（如销售额的变化、生产的扩大等）都会影响到对未来人员的需求。

②比率分析法。比率分析法是以影响人员需求的各种因素以及单位所需人员数量为根据来预测人员需求的。

2. 组织内部候选人供给预测

人员需求预测解决了需要多少雇员的问题，在决定从组织外部雇佣新的人员时，必须首先弄清楚有多少空缺职位的候选人可以从组织内部获得。

一般来讲，从组织内部直接晋升员工比直接从外部招聘要更稳妥，而且可以节约很多招聘费用和培训费用。组织内部候选人供给预测主要由人事部门工作人员运用工作公告、人事档案、员工绩效记录、雇员技能库等多种手段来完成。工作公告是将职位空缺信息公之于众，并列出工作的资格要求、主管人员姓名、工作时间表和薪资等级等，以供企业内部员工申请该职位。为避免企业内部"近亲繁殖"，在不宜用工作公告时，则可以由人事部门根据员工绩效、员工人事档案及员工技能库等提供的信息分析确定空缺职位的候选人。

3. 组织外部候选人供给预测

如果企业中没有足够的内部候选人可供挑选，企业就必须从外部招聘新的员工，同时企业内部人员晋升后也会有新的空缺职位需要从外招募。企业的外部候选人一般来说是能够满足企业需要的，但企业需要对总体经济情况、地方劳动力市场，及职业市场状况作出预测，以了解企业未来招聘的难度、预计花费的费用多少等。通常失业率越低，劳动力供给就越少，招募的难度就越大。地方劳动力市场状况的预测可以让管理者了解在本地劳动力市场招募的难易程度，如果难度过大，可以选择未来到劳动力供给较丰富的外地劳动力市场招聘所需人才。而职业市场状况预测则可以让企业了解其所需要的特定职业的潜在候选人的供给情况。

在人力资源管理会计人员同企业相关部门人员一起完成了以上三个方面的预测之后，可以据此测算出人力资源变动对产品成本及利润的影响，以将人力资源预算纳入传统会计全面预算的体系。

第三节　人力资源管理会计的产生与发展

一、人力资源管理会计的理论基础

人力资本理论的首次提出，是在18世纪，由著名的资产阶级古典经济学家亚当·斯密提出。他在《国富论》中，把人们后天获取的能够创造价值的能力，纳入资本的范畴，并认为如果人想要获取这种后天的能力，需要进行一定的投资。到了19世纪，马克思在《资本论》中，对剩余价值理论进行了系统地研究，使劳动者的地位得到确认。19世纪末，马歇尔提出了人力资源投资是最有价值投资的观点，与同时代的研究者相比，他的这一观点有着明显的超前性。舒尔茨在人力资本理论的研究中，做出了巨大的贡献。他发表了一系列有关人力资本研究的专著，并提出了将人力资源纳入传统资本概念的观点。他认为，经过教育和培训的人员专业性更强，他们也能够给企业带来成套知识、技能和经验，创造更大的价值，从而构成企业资本的一部分。因此，也应该通过会计对其价值进行核算，并在报告中披露出来。

随着人力资源管理的重要性日益凸显，越来越多的企业也在内部建立起了相应的人力资源制度，对人力资源进行管理。人力资源管理在实践上的应用与发展以管理学为基础，人力资源管理学这一分支学科应运而生。人力资源管理学的产生，使人力资源管理不再是过去简单的人员招聘、档案管理、工资发放等，又加入了对人力资源的发展、调整、评价等内容，使人力资源管理更加全面和系统。

现代企业要求实现更为科学化和系统化的管理，在人力资源的管理上，企业对于定量化信息的要求也越来越高，人力资源管理的内容进一步扩展，人力资源的投资分析、人力资源预测等成为人力资源管理学研究的重要内容。对于这些问题的研究，应将其归入人力资源管理会计的范畴。

二、人力资源管理会计产生的背景

在所有资源中，人力资源是最重要和最宝贵的组织资源。但是，这种观念在第二次世界大战之前相当长的历史时期内，并没有被人们深刻地认识到。当时，工业发达的国家只强调资本的重要性，贫穷的国家则认为落后的根本原因在于缺钱，因而当时人们只是一味重视资本的流通、转移和积累，对人力资源因素视而不见。早期的劳动管理主要是生产管理，重心集中在生产过程上。随着经济的发展，人开始在经济活动中起着越来越重要的作用，人们也逐渐认识到管理实际上就是对人的管理。直至第二次世界大战之后，经济全面崩溃的日本和西德在一片废墟中迅速崛起，经济的发展取得举世瞩目的奇迹，人们才透过这谜一般的事实，意识到人力资源的重要性，这也使得人力资源管理会计得到了进一步的推广和完善。而随着现代科技的迅猛发展，现代经济社会逐渐进入知识经济时代，人力资源的价值与管理变得越来越重要，这也推动人力资源管理进入新的发展阶段。

人力资源管理的产生是经济发展的必然结果。当经济发展到一定水平，产业完成了从资源密集型、劳动密集型向知识密集型的转换之后，社会经济的发展便越来越依赖于人力资源的开发和利用。正如加里·德斯勒在《人力资源管理》中所总结的那样，对于现代行业来说，其发展的瓶颈已经不再是资本，而在于企业的人力资源管理水平，即企业获取和保留优秀人才方面的能力。对于企业来说，只要其决策和思路是正确的，并保持充分的精力和热情，即便是遭遇资金问题，也不会导致计划的终止。而那些增长陷入停滞甚至是衰退的企业，则主要是由于其难以维持人力资源的劳动积极性与效率。他还将人力资源管理的发展历程划分为四个阶段：手工艺制度阶段、科学管理阶段、人际关系运动阶段、组织科学人力资源方法阶段。人力资源管理的手工艺制度阶段诞生于古埃及和古巴比伦时代，在当时，以家庭为单位的手工工厂，是经济活动的主要组织形式，为了保证工人掌握合格的技能水平，就必须对其展开组织培训。到了13世纪，对工人的技能培训在西欧取得了一定的发展，并主要表现为师徒形式的培训。这便是人力资源管理发展的第一个阶段，适合于家庭工业生产，此时对人力资源的管理是直接的、简单的、命令式的，也是一对一的管理。到了19世纪末20世纪初，人力资源发展进入科学管理阶段，也是在这一阶段，人力资源管理成为企业管理的一部分。这一阶段资本主义生产由工厂手工业向机器大工业过渡，"科学管理之父"泰勒被认为是科学管理的创始者，"应用心理学之父"明斯特伯格在1913年出版的《心理学与工作效率》一书对人力资源管理作出了重大的贡献。霍桑实验标志着人际关系运动阶段人力资源管理的产生，该实验认为在工作中，影响生产效率的关键变量就在于员工心理，这一研究结果启发了人们进一步研究与工作有关的社会因素的作用。另外，在组织行为学的基础上，通过对工作中的不同主体进行研究，促进了人力资源管理的科学化。在这一方面的研究，有代表性著作《人力资源功能》一书。该书由社会学家巴克所著，于1958年正式出版。在书中，作者对人力资源的问题进行了详细的阐述，并从管理职能的角度，对其进行研究。巴克认为，对于组织来说，人力资源的管理职能与企业的生产、营销等职能是同样重要的。企业中的每个个体都是有价值的，作为企业资源，必须对其进行全面的管理。巴克的这种理论，也将人力资源带入了新的发展阶段。

最早专职的人力资源管理部门出现于科学管理阶段，这是因为科学管理要求挑选熟练掌握标准化操作规程、使用标准化工具和器材的"第一流的工人"，而且要实行有差别的工资制，而工头难以负担所有的这些工作，必然需要专职人员来管理这些事务。从科学管理阶段到人际关系运动阶段完成了以物为中心到以人为中心的转变，梅奥的行为主义理论是实现这一转变的理论基础。之后，在20世纪五六十年代发展起来的行为科学对人的心理和行为运动规律的研究更加科学化，使以人为中心的管理不仅有了丰富的理论基础，而且形成了许多切实可行的制度和方法。20世纪六七十年代，强调整个组织而不仅仅是员工个体的组织行为科学的发展，使人们认识到组织本身对人们的表现具有造就、限制和调整的作用，而且人的行为还要受到各种职位上的权威、工作和技术要求的影响，因此不能简单地认为人们在组织中的行为方式就是人际关系。目前的人力资源管理理论实际上是组织行为学与前几个阶段的员工管理实践相互结合的产物。

随着社会生产力的迅猛发展，人类对自然的认识也进一步加深，人们终于意识到：资源是有限的，而且人类使用的大部分资源都是不可再生的，如何更好地利用资源才是发展的关键。现代企业为了使自己拥有高水平和高素质的员工，在招聘、培训等方面都进行了大量的投资，这种投资就属于人力资本投资。而且，在现代企业中，企业在人力资本上的投资，还可能要超过对设备的投资。在传统的会计观念下，企业在设备上的投资，会资本化为相应的资产价值。而对于高技术人才的花费，则被当作当期费用对待。这就导致了在会计报表中，无法准确、全面地对企业的经济价值进行反映，对企业管理者产生一定的误导。尤其是对于高科技公司来说，人才的价值要比传统的物质设备的价值更高，其公司的主要价值也是依靠高素质的人力资源得以反映的。因此，对高科技公司来说，传统会计并不能准确地对公司的价值进行核算，应用传统的会计核算会使企业的经济价值大大缩水，但是实际上，又无法忽略其较高的人力资源价值。在现代的知识经济时代，企业的资产和资本结构都发生了巨大的变化，面对新的社会经济环境，会计信息系统必须实现不断地发展，完善自身的缺陷与不足，积极适应新的环境与需要，为相关主体提供更为准确的、作用更大的会计信息，人力资源管理会计正是在这一过程中产生和发展的。

三、人力资源管理会计在国外的发展

人力资源管理会计是美国在20世纪60年代出现的一个会计分支。美国会计学家弗兰霍尔茨在《人力资源管理会计》一书中，将人力资源管理会计产生和发展的历史过程分为五个阶段。

第一，人力资源管理会计基本概念的产生阶段（1960—1966年）。

这一阶段是人力资源管理会计的理论奠基阶段。相关学者在对其他学科的研究中，衍生出人力资源管理会计的基本概念。这也表明，人力资源管理会计理论受到了多学科相关理论的影响。在这些理论中，人力资本的相关理论具有较强的代表性。

最先提出人力资源管理会计的人是美国的赫曼森，这一概念于1964年出现在其发表的《人力资源管理会计》中，这也标志着人力资源管理会计理论研究的起源，人力资源管理会计开始成为会计学研究的一部分。赫曼森提出人力资源是企业经营活动中的重要资产，为了使企业会计报表的内容更加全面、完善和科学，更好地满足有关各方的要求，应加入对人力资源的会计核算。赫曼森提出的人力资源管理会计的概念，也引起了美国会计学会的系统研究。在经过系统研究后，美国会计学会认为，需要对人力资源的成本与效益进行衡量与评价。对这一问题的研究，由密歇根州大学社会研究所进行。

经过这一阶段的理论研究，人力资源管理会计形成了一系列有关人力资源的、重要的、基础的概念，包括人力资源成本概念、人力资源价值概念、人力资产概念等。产生阶段的理论研究成果，为人力资源管理会计理论的进一步发展奠定了坚实的基础。

第二，人力资源成本和价值计量模型的学术研究阶段（1966—1971年）。

在这一阶段，人力资源管理会计研究者设计并开发了人力资源成本和价值计量模型，并对其评价的有效性进行研究。同时，研究者们也对人力资源管理会计作为会计核算工具的实现及其潜在用途进行了研究。由上所述，这一阶段的研究工作主要在密歇根大学进行。该校还在1967年成立了专门小组进行人力资源管理会计的设计、研究与试验。该小组在巴里公司进行了人力资源历史成本的计量实践，并在年终结算时披露了人力资源核算的会计信息。这一事件在人力资源管理会计发展的历史上具有重要的意义，它也为小型公司运用人力资源管理会计提供了重要的依据。

在这一阶段，除了美国会计学会在密歇根大学的研究取得成果外，其他对人力资源管理会计的研究也取得了一定的成果。例如，利克特在其著作《人力组织：它的管理和价值》一书中，专门开辟一章对人力资源管理会计进行论述。他认为，如果企业的负债表没有包括人力资源项目，就会导致严重的失真，并可能导致管理者在决策上的失误。这一阶段，在会计领域的核心刊物上，也陆续发表有关于人力资源管理会计实施方法的研究成果，对人力资源在企业中的应用提供了一定的指导。

经过这一阶段的发展，人力资源管理会计的理论、方法都取得了进一步发展，并逐渐由理论研究走向实践。

第三，人力资源管理会计的迅速发展阶段（1971—1976年）。

在前两个阶段的基础上，人力资源管理会计进入迅速发展阶段。在这一阶段，人力资源管理会计的研究，也不再局限于美国。英国、日本等主要的发达国家，也都展开了人力资源管理会计的研究工作，并在业界刊物上发表了研究成果，更多的企业也开始对人力资源管理会计进行尝试，并将其在会计核算报告中体现出来。实践的推广，使人力资源管理会计得到了迅速的发展。美国会计学会还专门成立了人力资源管理会计委员会，负责组织人力资源管理会计项目的开发，并为其提供一定的支持。该委员会在人力资源管理会计的相关工作中，也发表了一定的研究成果。在这一阶段，还发生了一件人力资源管理会计历史上的重要事件，即弗兰霍尔茨的专著《人力资源管理会计》问世。这一著作的出版，对人力资源管理会计的发展起到了巨大的推动作用。在快速的发展中，人力资源管理会计也逐渐走向成熟。

第四，人力资源管理会计的停滞发展阶段（1976—1980年）。

经过前一阶段的发展，人力资源管理会计的研究工作已经取得了初步的进展，取得了一定的成果。同时，随着研究初步阶段的结束，在人力资源管理会计的理论研究与实践应用中所遇到的问题，更为深入和困难。一方面，要解决这类问题，要求研究者必须具有极高的水平，这就对研究者提出了较高的要求。另一方面，研究也需要企业的实践配合，而对于企业来说，要进行人力资源管理会计的试验，不仅需要付出较高的成本，也难以测量出其可能获得的效益，这也导致企业对人力资源管理会计研究试验的积极性不高。这两方面的因素，限制了人力资源管理跨级研究的进一步发展，使其进入短暂的停滞发展阶段。

第五，人力资源管理会计的广泛应用发展阶段（1980年至今）。

自1980年开始，人力资源管理会计的研究又逐渐从低潮中走向复苏，会计界又相继发表了一些关于人力资源管理会计的论文。在理论研究复苏的同时，应用人力资源管理会计的企业数量也有所增加。在这一阶段，美国海军研究署还提出了在美国海军中应用人力资源管理会计的建议，并获得批准。人力资源管理会计在美国海军的应用，为人力资源管理会计的研究提供了更多经费等方面的支持，对于人力资源管理会计的进一步发展，起到了巨大的推动作用。

在这一阶段，人力资源管理会计能够得到恢复和发展，主要有以下几个方面的原因。一是当时的美国政府提出了增加研究劳动生产力手段的要求，而人力资源管理会计的作用正好符合这一要求，从而使人力资源管理会计的研究得到关注和重视。二是美国企业在当时面临的国际竞争也变得越来越激烈，尤其是美日企业之间的竞争。在激烈的竞争下，美国企业也不得不考虑如何提高员工的劳动生产力。通过对对手企业的人力资源制度进行研究和对比，美国企业发现，日本企业普遍采用终身雇佣制，并十分重视对人力资源的管理，因此日本企业的员工也表现出了较高的工作积极性，对企业也更为忠诚。而美国企业则会由于各种情况临时解雇工人，这也使其员工的工作积极性低于日本企业。这一对比研究，使美国企业充分认识到了人力资源管理会计在解决劳动生产率问题上的重要作用，并将其作为提高员工劳动生产率的重要工具。

发展到 20 世纪 80 年代，美国的一些大型公司如通用电气公司等，就逐渐开始在会计核算中运用人力资源管理会计，并将人力资源信息用于公司的决策。除美国外，加拿大等国的公司也开始运用人力资源管理会计，对人力资源的成本与效益进行评估。

1985 年，弗兰霍尔茨的著作《人力资源管理会计》进行了再版，他在书中列举了 30 个人力资源管理会计的应用案例。他一方面对人力资源管理会计在企业经营与人力资源决策上的作用进行了强调，同时他也对运用人力资源管理会计的成果进行了阐述。随着人力资本的不断增长，其在促进经济增长上的重要作用也在不断凸显。因此，人力资源管理会计的应用范围也在不断扩大。相关专家们普遍认为，人力资源管理会计已经进入广泛应用发展阶段，并且人力资源管理会计的应用与发展，也将为传统会计带来巨大的变革。

四、人力资源管理会计在我国的发展

人力资源管理会计正式引入我国是在 20 世纪 80 年代初，在引入初期，主要是对国外的相关研究进行介绍，对人力资源管理会计的学科内容及其实用性进行探讨。1980 年，"中国现代会计之父"潘序伦在《文汇报》上发表文章，提出我国必须发展人力资源管理会计研究。他的这一观点的提出，引起了社会和学界对于人力资源管理会计的重视。随后，对人力资源管理会计的研究不断发展，并取得了大量的成果，发表了多篇相关文章。这一时期，我国对于人力

资源管理会计的研究，主要集中在理论和方法上。到了20世纪80年代后期，人力资源管理会计的研究已经形成一股热潮，并实现了由介绍外国研究成果向我国系统研究的发展。1986年，弗兰霍尔茨的《人力资源管理会计》由陈仁栋翻译并出版，在国内首次系统地介绍了人力资源管理会计的内容。进入20世纪90年代，随着我国经济与世界经济关系的日益密切，人力资源管理会计再一次得到了人们的重视，大量的学术刊物开始关注人力资源管理会计研究，大量相关论文刊登出来，不少人力资源管理方面的专著也陆续出版。人力资源管理会计成为中国会计学会的一项重要研究课题，"人力资源管理会计"一词也被收入会计词典。随着科学技术的进步、劳动力水平的提高和人力投资的不断增长，人力资源管理会计在我国得到迅速的发展。

1999年5月，中国会计学会"会计新领域专题研究组"在北京举办了首届"人力资源管理会计理论与方法专题研讨会"。这次会议吸引了来自高校、政府、企业、会计师事务所的代表与会。在会上，与会者对人力资源管理会计的理论、方法与实践进行了专门的探讨。这次大会是我国第一次专门的人力资源管理会计研讨会，在我国的会计史上具有重要的意义。这次会议的召开对人力资源管理会计在我国的理论研究与实施的推广具有重要的作用，使人力资源管理会计能够在我国的经济建设与发展中，充分发挥应用的作用。

尽管在理论研究上取得了丰硕的成果，但是人力资源管理会计在我国的推广以及研究和实践的进一步发展，仍然面临着一定的问题。这些问题的存在，既影响了我国人力资源管理会计理论研究的系统性，也影响着人力资源管理会计在我国的实践与应用。针对我国人力资源管理会计存在的问题，张文贤教授进行了专门的研究，并发表了《人力资源管理会计的四大难题》一文。在文中，他列举出的我国人力资源管理会计存在的问题包括人力资源的计量及其资本化、人力资源的折旧及其分摊、人力资源的分派、人力资源在财务报表上的列示等。正是由于这些问题的存在，使人力资源管理会计所提供的信息，难以达到在社会上得到广泛公认的会计原则所提出的质量要求，这就严重影响了企业管理者进行人力资源管理的积极性。同时，这些问题的存在，也值得引起业界人士的重视，并将其作为研究的重点，展开针对性的研究工作。随着相关研究的开展和不断深入，存在于我国人力资源管理会计中的各种难题终将得到有效的解决，促进人力资源管理会计理论与实践在我国的进一步发展。

第四节 人力资源管理会计在我国发展的重要性

一、人力资源管理会计发展对传统会计的变革意义

传统的管理会计主要研究的是企业资源中的资本资源和物质资源，没有意识到人力资源也是企业重要的资源。而人力资源管理会计则以人力资源为主要研究对象，有效地弥补了传统管理会计的这一缺陷，使管理会计变得更加健全。因此，人力资源管理会计的出现并不是对传统管理会计的否定，而是作为现代管理会计的一个重要组成部分。

人力资源管理会计的产生与发展给传统管理会计带来巨大的变革，这种变革主要体现在以下几方面。

（一）本量利分析方面

在传统管理会计的本量利分析中，影响目标利润的因素主要分为产品销量、产品单位价格、单位变动成本、固定成本。在当前的经济形势下，消费者处于相对优势的地位，对于企业来说，通过前两种因素的变动实现目标利润的增长受到了一定的限制。因此，企业就只能从后两种因素中，寻求目标利润的增加。在后两项因素中，人力资源成本在企业成本中占有较大的费用，雇佣员工、对员工进行技术培训等都需要一定的花费，而在这一方面减少成本，就能够实现企业利润的增加。尤其是对于高新技术行业来说，企业通过应用先进的科技和设备能够有效降低人力资源成本。人力资源管理会计就是通过对人力资源成本的研究，使企业的本量利分析更加全面、完善，实现企业降低成本、提高利润的目的。

（二）预测与决策会计方面

实现预测和决策是管理会计的核心内容。在这一问题上，传统管理会计主要关注的是企业财务指标的预测与投资、经营活动的决策，忽视了对人力资源的预测与决策。人力资源管理会计的出现，正好弥补了传统管理会计在人力资源预测与决策上的缺陷。人力资源管理预测会计结合不同问题，运用不同的预测理论，如线性回归法、趋势平均法、指数平滑法、马尔柯夫模型法及其他定性预测方法都可运用于人力资源预测分析。而在人力资源管理决策分析方面，可运用线性规划、运筹论、概率模型、模糊数学、灰色理论、期望理论、效用理论等相关知识进行具体分析。

因此从方法论上看，人力资源管理预测与决策会计在研究方法及体系上与传统的预测决策会计基本上是一致的。人力资源管理预测与决策会计涉及人力资源需求预测、供给预测、结构预测、劳动效率预测、招募决策、开发决策、配置决策、晋升决策、激励决策、工资决策、管理政策决策等方面细致的划分，使企业人力资源的预测和决策实现了更为深入的研究。

综上所述，人力资源管理预测与决策会计在传统的预测与决策会计基础上，深入细致地研讨了在各种环境条件下，人力资源的变动及运筹信息，为企业管理者提供可靠的决策支持信息。在"人本主义"的企业理念日渐深入人心的今天，强调人力资源的预测决策工作无疑是现代企业发展的必然要求。

（三）在责任会计方面

传统管理会计按照"分权管理"的原则划分企业责任，并作出了经济利益是员工积极性的最大驱动力的假设。传统管理会计的这种假设也遭受了不少的质疑，例如马斯洛的需求层次理论就认为，影响员工积极性的因素是多层次的，并不是完全由经济利益主导的，员工的积极性会根据其个人需求层次的变化而发生变化，当员工更追求精神需求时，即便是经济利益，也难以调动员工的积极性。人力资源管理会计研究责任会计便从这些因素出发，利用效用、组织、激励等理论，重点分析责任关系人之间的委托受托关系。事实上，人力资源管理会计对责任的分析涉及一块新兴的管理会计研究领域——行为科学，而行为科学从其研究对象与本质上看，应属于人力资源管理会计的研究范畴。

另外，传统管理会计对责任的研究也仅限于企业内部责任，实际上企业经营过程中还必须承担社会责任。近几年兴起的"社会责任会计"着重研究的便是有关企业与社会责任关系问题。其中涉及企业对职工进行培训、兴办雇员福利项目、改善员工工作环境、提取失业与养老基金等与人力资源管理相关的活动。人力资源管理会计在此方面的研究任务便是要为企业规划这一方面社会责任的实施提供相关信息。

（四）在控制会计方面

传统的管理会计对于控制问题，主要关注的是成本与存货，忽视了对人力资源的控制。实际上，对于企业来说，人工费用也是成本中的重要内容，与人力资源有关，传统的管理会计也对此有所涉及，并提供了相应的标准、计算方法以及标准与实际的差异等。但是，传统管理会计只关注了核算，而没有对人工费用的控制进行深入的研究。人力资源管理会计的产生和发展则为现代企业解决人力资源控制的相关问题提供了方法和依据。例如，对于企业来说，在保证完成既定目标的基础上，如何确定最佳的人员数量配置，就是其关注和想要解决的问题。通过人力资源管理会计，能够使这一问题得到有效的解决。人力资源管理会计研究这类人员控制问题的方法主要涉及线性规划、运筹论、矩阵数学等。

二、人力资源管理会计在我国发展的意义

我国引入人力资源管理会计的理论与实施是在 20 世纪 80 年代，经过多年的发展，我国的人力资源管理会计在理论研究上取得了较大的发展，但是在实践上的发展有限，这也在一定程度上对我国经济的进一步发展造成了一定的阻碍。对于我国的经济发展来说，人力资源管理会计的理论研究与实践都具有重要的作用和意义。

首先，从国家和社会层面来说，进行人力资源管理会计核算为在我国加强人力资源开发和人力资源能力建设工作的开展提供了必要的信息。经济的发展和社会的进步，使知识不断更新，科技不断突破，对劳动者的素质要求越来越高，加强人力资源开发，加强人力资源能力建设，从来没有像今天这样重要，如此紧迫。但要做好这些工作，就必须充分了解我国人力资源现状，了解当前和未来一定时期内我国社会对人力资源的需求，从而对人力资源问题制订针对性的措施，科学地进行人力资源建设，引导社会人力资源实现合理的流动，在流动中不断优化人力资源配置，提高人力资源的利用效率，创造出更大的价值。

其次，人力资源管理会计能够使国家经济建设中的资源配置更加合理，有效解决我国经济建设中面临的自然资源和资本资源的不足，以及人力资源数量多但质量低的问题。在发展经济的过程中，离不开对自然资源、资本资源和人力资源的合理有效配置。而由于巨大的人口总量使我国经济发展所需的许多重要资源的人均占有量远远低于世界的平均水平，要想在各种资源短缺的条件下实现经济发展、提高人力资源的整体素质，发挥人力资源的整体优势成了关键因素。

最后，从企业层面来说，人力资源管理会计是企业提高人力资源管理水平的关键，进而带来企业竞争力的提高。传统会计并没有对人力资源的投资收益进行核算，再加上人力资源投资具有周期长、见效慢的特点，因此许多企业管理者为了追求短期效益，不愿在人力资源投资上增加相应的支出。这种行为导致企业出现了人才断层和老化的现象，影响到企业的正常生产经营活动的开展，

削弱了企业的竞争力。对于我国企业来说，在企业竞争力的提高上，人力资源有着重要的作用。因此，必须要加强对人力资源管理会计的重视，通过各种方式提高企业的人力资源素质和人力资源管理水平，在人力资源的价值与权益核算上更加科学合理，使员工的价值能够得到充分体现，获得满意的收入。

此外，通过人力资源管理会计，还能够实现企业人员的合理流动，使企业保持健康和活力。企业还可根据有关的人力资源成本和人力资源价值的数据作出相应的决策。

第七章　知识经济时代下的社会文化观
与现代管理会计

　　所谓知识经济，是指在知识信息的产生、分拨和操纵之上所发展的经济，是一种全新的经济形式。知识经济的内在表现是在信息化和网络化的前提下，以人类的智慧和经济的发展为基础，然后将资源进行合理、有效地创新利用，从而实现可持续发展的目标，加快科技、经济和社会统一的步伐。本章重点阐述了在知识经济时代下，社会文化观与现代管理会计。

第一节　知识经济与经济管理体制

一、知识经济概述

（一）知识经济的要素

在当代社会中，随着工业经济、农业经济的发展，又出现了第三种新的经济形势：知识经济。它具有如下基本要素。

1. 知识

这是知识经济的本质要素。按西方 20 世纪 60 年代以来的划分，知识可分为以下四类。

① Know-what：知道是什么的知识，即事实知识或信息知识。

② Know-why：知道为什么的知识，即原理和规律知识。

③ Know-how：知道怎样做的知识，即技艺和能力知识。

④ Know-who：知道是谁的知识，即人力知识。

2. 管理系统

管理系统是知识经济的基本结构成分。就目前来看，现代企业想要生存并快速发展必须能及时并有效地应对市场上的改变，为客户提供完善的服务，为其生产出满意的产品。要想实现以上所说，需要企业在公司的系统体系、管理手法上重新建立完整的管理系统。

3. 人才教育

人才的培养是知识经济的重要组成部分。随着教育层次的不断提高，人们的综合素质不断提升，知识经济也因此产生且得到了快速发展，人才成为了决定社会全面发展的重要因素。要以科学知识作为重中之重为前提，以及在全社会正确树立以人才脑力资源为基础的发展理念，在这样的情况下才能实现决策概念的理性化到生产要素的知识化的转变。

（二）知识经济的特征

由以上论述我们可以发现，在知识经济时代，社会价值取向发生了转移。关于知识经济的内涵与特征，许多专家学者在各种学术报刊上都发表了很多不同的见解。知识经济与传统的农业经济和工业经济相比较，主要在以下几个方面具有明显不同的特征。

1. 知识是知识经济的前提

知识经济是在知识的产生、分拨和应用上所建立的经济模式，这里提到的知识，它包含人类至今为止创造出来的全部知识。其中，最关键的成分是有关管理科学、行为研究以及科学技术的知识。以能源为基础的工业经济、以土地为基础的农业经济，与知识经济相比来看，知识经济更加注重知识的累积。

科学技术的快速进步是知识经济最显著的特点，它加快了生产力水平的飞速提高，推动了社会经济的高速发展。知识经济必须要在知识达标的前提下才能产生，因为知识是科学技术的源头，而科学技术是促进经济发展动力的来源。所以，经济发展中最重要的，甚至是决定性的组成部分就是知识。经济发展是以智力为重心，而并非体力。

在知识经济的前提下，财富需要重新界定，而权利的使用也需要再重新划分，决定这两者的重要信息就是谁在智力资源（所拥有的智力、知识和信息），以及动力工具和人力工具中所占比重最大，位于首要地位。在整个劳动期间，智力劳动者的所占比重永远是最高的。

2. 注重人力资本因素和教育的发展

在知识经济条件下的社会，具体来说是一个具有双重意义的知识社会，社会力量也向知识方面转移，推动社会革新的动力也越来越多的来自科学技术的研究和发展，但是通过人类的反映来看，社会体制严重影响了知识和技术的发展。要想彻底改变这一情况，需要社会将人力资本的投资重视起来，尤其是对于教育的投资。也正是在这个观念的影响下，经济的发展理论发生了翻天覆地的变化。

长久以来，人们还是将限制经济发展的关键原因归结到缺少有形资本上，将增加积累率当成经济发展的关键要素。但是随着经济发展，科技的作用不断地加强，人们对人力资本的投资也越来越重视。

在 1949—1969 年，美国教育方面的开支翻了将近一倍，在国民生产总值中所占的比重从 3.5% 上升到 7.5%，并且在近 30 年以来，始终保持在较高的水平上。

罗默的新经济增长理论对社会已经产生了深远的影响。就目前而言，重视人力资本投资，积极发展国民教育，已成为许多国家制定经济发展战略的一项重要原则。

3. 信息是知识经济最重要的战略资源

在农业社会环境下，土地是其主要的战略资源；在工业社会环境下，资本是其主要的战略资源；但是，在现在的信息社会中，职员和专业人员是其劳动主体，而信息工作人员在其中占首要地位，其中就包含医生、会计、教师、律师、新闻记者、系统分析员、图书管理人员等等。

70 年代在美国新增加的 2000 万个新工作岗位里面，只有百分之五的工作是制造业相关的，而百分之九十以上的皆是知识、信息和服务性的工作。信息已经成为知识经济的战略资源。

在新的科技革命中，因为通信技术与电子计算机已经很好地融合，尤其是生产过程和经济运行的基本需求，对信息在社会和经济生活中的作用有了深远的影响。

（1）现代的信息几乎都是经过人类深化改造的信息

对于在不同的地方和不同的时间所发生的零碎的信息，人类可以通过电子计算机等高科技将它们总结起来，把它们加工成"社会的记忆""集体的记忆"。与此同时，也可以利用传输系统，使整理好的信息得到广泛的使用。

（2）信息已经不再是协助生产的部分，自身已经发展成一种社会财富

在某种意义上来说，信息发生了质的变化。同时，在社会上也设立了专业制造信息的产业，并且结合了专业传输信息的产业，形成了一个高速发展，且感染力极强的独立部门。

（3）在市场经济中，信息具有以下三个主要作用。

①优化市场机制。

②对财富的集中体现。

③社会对于经济发展原动力的需求，加快了财富的创造。

4. 网络型经济

在知识经济时代下，产生了一种全新的经济现象——网络经济。消费者、生产者等主要的经济行为，都与网络有着紧密的联系。目前网络不仅能带来巨大的信息量，而且很大部分的交易行为也是在网络上直接进行的。

尤其是开通了国际互联网之后，网络经济交易飞速发展，远远超出了人们的想象。就目前来看，世界上究竟有多少用户在使用互联网？这个问题，我想没有任何一个权威机构可以给出一个具体、准确的答案。

总体来看知识经济网络化的发展，我们可以看到一幅又一幅鲜活的场景。例如：电子货币的发展，逐渐形成了网上购物的时尚潮流；具有未来发展前景的网络交易市场，使各个企业竞相上网；网络金融的高速发展，使网络虚拟银行变成现实；微观经济的主体通过网络，对自身的经济运行结构做出了改变；同时网络经济的快速发展，推动了经济结构软化，造成国民经济中，以物质产品为主的制造业所占比重大幅度下降，而以信息服务为主的第三产业的数量大幅度增加。政府相应部门应对宏观经济的调节手段将更加现代化。

二、知识经济与经济管理体制的关系

（一）知识经济与宏观经济管理体制的关系

当前，知识经济深入人心，影响广泛。面对着经济的高速发展，各行各业也迎来了发展的契机，知识经济的兴起为企业发展带来了不可多得的机遇和更为严峻的挑战。

由于我国之前采取的是非常集中的计划经济体制，要想在这种大环境下，产生和发展知识经济，几乎是没有可能性的。可以想象一下，假如没有改革开放，尤其是假如没有邓小平在1992年南方谈话，那就无法促成经济体制的转变，同时以创造性知识作为前提的经济体制也不能在我国产生和发展，我国也会因此而失去一次最为关键的机遇，从而导致我国无法跟上世界经济的潮流趋势，导致我国经济陷入孤立无援，步履艰难的境地。

知识经济为什么会同我国传统的高度集中的计划经济体制水火不容呢？

站在社会文化的角度来看，这要从经济与文化之间的联系说起。有关这两者的管理，毛泽东在《新民主主义论》中描写到，社会的经济和政治方面反映了文化的情况，而文化又对社会经济产生了一定的影响。

苏联实行高度集中的计划经济体制，其特征是：采取国家所有制，几乎全部企业，除极小部分属于集体之外，皆属于以国家为代表的"全民"所有；在财务问题上，采取"统收统支、统负盈亏"，企业没有独立营业的权力；经济体制上要求"大统一"，"大统一"的文化具有一元性、驯服性以及依附性的主要特征。而且"大统一"的文化也扼杀了人类的"个性"，严重打压了人类创造的主动性和积极性。从而导致知识界形成了"万马齐喑"的局面。

通过上述有关知识经济形成和发展的宏观层面的解析，我们已经详细地了解到，和知识经济相关的是社会文化方面的问题，而不是单纯的技术问题。对于相关问题研究，如果不从社会文化方面入手并进行深度解析，很大可能会导致人类对它的认知了解陷入工具论、或机械论的错误方向，从而致使人类不能自拔，知识经济停滞不前。

（二）知识经济与微观经济管理体制的关系

站在微观的角度来看，以企业内部的知识经济铺垫为前提，想要建立完善有效的权力结构，实现人性民主化的管理模式，即使是西方的发达国家，也为此走了不少的冤枉路。在14—16世纪以及17—18世纪西欧的文艺复兴运动和启蒙运动中，他们所推崇的"人本主义"和"天赋人权"的理念，基本上使资产阶级民主制度得到了初步的建立。起码在理论上来看，人民群众在社会、政治生活中已经拥有了较普遍的民主权利。但是，长久以来，企业内部依然是采用纵向的专制独裁式的集权化管理模式，层次森严的官僚体制依旧严格控制了所有员工开展的一系列活动，所以员工依旧是没有实权。这也导致了员工在企业内部得不到该有的主人翁地位上的尊重，严重压制了他们的智力、创造力以及对工作的主动性、积极性。

如果不能根治这种问题，那么知识经济也无法在企业内部得到落实。

在20世纪中期，西方的企业内部开展了一项"产业民主运动"，正是这一运动将有违历史进步的现象完全推翻，并作为其发展的前提。

"产业民主运动"的思想理论认为企业管理思想必须要和适应历史进步趋势的"以人为本"的理念相吻合，所以企业内部必须将由独裁式的管理等级制度所造成对管理权力内部构造的影响，做出本质的改变。同时"人本主义"和"天赋人权"的思想，不光体现在政治和社会生活里，更要在企业内部得到落实。要想彻底改变员工在企业内部无权的问题，就要将企业内部原来所采取的纵向、专制独裁管理模式变成横向、分权化的民主管理模式，落实"产业民主"，使员工和管理人员在一个平等的层次上，共同享有参与权，将民主管理、以人为本的思想贯穿到企业内部的管理中，从而使企业能真正地做到人性化、民主化。也只有如此，才能激发每一名员工的创造性和积极性，从而使知识经济在企业内部立足、发展，最后形成人文基础。

第二节　知识经济问题的社会文化观

就目前而言，我国学术界讨论最多的热门话题之一，就是有关知识经济的疑问。但就总体来看，学术界中很少有关于它在社会文化方面的讨论，他们的讨论重点还是放在其技术方面。

知识经济到底指的是什么？根据有关的文献、报道来看，大多数引用的都是"国际经济合作与发展组织"中所提到的概念，观点上大同小异，相差无几。

知识经济是以人创造的智力为最关键的生产要素，它是在工业经济不断地发展和强化下演变而来。使经济发展从依靠资源的模式转变成依赖知识（指依赖人类知识的进展深度）的模式。因为在地球上，无论什么资源都是有限的，不能一直无限制开采，但是人类头脑中所产生的智慧（创造性知识）是取之不尽、用之不竭的，可以不断地开发，所以将知识经济转变为依赖知识的模式，就可以维持可持续发展。

在对于知识经济的界定中，以上所提到的创造性知识是怎么不断开发的呢？我们并不能只把它当作一个技术层面的问题来看待。首先，这是一个社会文化的问题，它同时涉及"非人性化"和"人性化"的相关问题，假如知识经济只是单纯的"非人性化"的技术问题，那么我们只能称它为技术经济，而不是现在的知识经济了。

创造性知识只是人类大脑才会产生的东西，是人类创造性思维的成果。但与此同时，每个人都是以"社会人"或者"思想人"的形式存在，而不是一个独立的人，都是在一定的社会关系中生活。根据记载以及现在的了解来看，我们可以清楚地了解到人类的大脑可以自立、自主地产生创造性思维，在特定条件下，可以产生相应的创造性知识。简单来说，首先，它是与社会经济、人类所处的大环境以及赖以生存的社会有着直接的联系。这是由于创造性思维是富有开拓精神，并且个性、独立性与生动性并存，不同于一般墨守成规的思维方式。

而创造性思维全部开发并发挥其全部作用，这需要与其相适应的人类社会大环境的培育和鼓舞。

我国学者龚自珍对于当时的社会大环境与创造性人才的发展之间的联系有着强烈的感受，他曾写道："我劝天公重抖擞，不拘一格降人才。"我们从中可以看出，他对于社会进行变革的强烈希望，以及对培养创造性人才的迫切探索和无限憧憬。他这一篇有着深刻意义的诗篇，即使是今天读来，其产生的效果也是醍醐灌顶。

通过以上的解析我们可以了解到，想要使知识经济发挥其真正的作用，造福人类，首先要做到将人放在首要地位，尊重人格的独立、人的价值和尊严，遵从以人为本、技术为用的宗旨。只有做到以上所说，才能更加有效、全面地开发出人类的创造思维，从而产生无尽的智慧源泉，进一步实现知识经济迅速、健康发展的目标。

第三节　管理会计的技术观与社会文化观

一、管理会计技术观与社会文化观的关系

与社会文化观相结合是管理会计发展的必经之路。研究者对管理会计技术层面的研究，是发展初期十分重要的选择，为管理会计的形成和发展奠定了基础，促使其成形，并建立起了具有鲜明特色的基本框架。随着社会经济的发展，对技术层面的研究已经不能满足管理会计向更深的层次和高水平的方向发展，研究重点逐渐倾向社会文化层面。通过技术方法形成的会计信息，与社会成员、社会组织等有着密切的联系，它是社会经济活动的综合反映，影响着利害得失，甚至前途命运。因此，我们不能将会计问题当成单纯的技术性问题来解决。为使会计技术所形成的会计信息发挥对社会经济发展的积极作用，首先要解决的问题便是同社会文化观相结合。

我们可以从不同的角度对社会文化进行研究。文化核心是指人类在认识和改造客观世界与主观世界的长期历史过程中所形成的价值观念、道德风尚与行为准则。由于价值观是对一个人的最终追求和辨别是非标准最直接的反映，所以道德风尚和行为准则是由价值观所驱动的，在社会文化体系中占主导地位。一个人如果确立了不正确的价值观，会导致道德败坏，做出损人利己，甚至谋财害命的行为。

会计文献中有"会计是经济活动的语言"的说法，即由文字和数字、图标

结合的语言。会计功能主要指行为功能。会计的技术方法需要有效地影响人们的行为,才能在社会经济生活中发挥作用。会计行为功能的发挥需要技术观和社会文化观相结合,不仅要研究技术,也要深入到社会文化层面中。

经过长期的观察发现,只有树立正确的价值观,才能从根本上解决问题。

二、管理会计技术方法的形成与发展

(一)管理会计技术方法的形成

管理会计是管理与会计的有机结合,管理会计系统是为了协助管理层规划和控制企业的各种经济活动提供有用信息。随着人们认识的深入,管理会计的概念也在发生着变化。

1966年,《基本会计理论说明》由美国会计学会发布。由其内容可知,他们认为管理会计是一种技术和方法,强调管理会计是对历史和未来信息的加工,与财务会计有着显著的不同。《基本会计理论说明》又强调了管理会计的服务层次,即主要为企业内部的管理层服务,帮助他们进行经济决策,同"科学管理"到"决策管理"的发展相适应。

1981年,《管理会计公告》由美国管理会计师协会发布。其内容表示管理会计具有局限性,并强调了管理会计的服务方向,主要为有效利用企业资源、内部计划和控制等服务。

美国管理会计学家卡普兰在其编著的《高级管理会计》(1989)一书中,认为管理会计是一个受内部所有人员需求所驱动,为他们提供财务和非财务信息的过程,主要服务于员工和各级管理者,引导他们做出经营和投资决策。

1997年,美国管理会计师协会又对管理会计进行了重新定义,认为管理会计不仅包括了财务信息,还包括了非财务信息,强调价值增值过程,并且是一个持续的改进过程,从而使管理会计提升到了战略管理的层面。

2008年,美国管理会计师协会在广泛征求意见的基础上,对管理会计的定义进行了重新界定,认为"管理会计是一种深度参与管理决策、制定计划与业绩管理系统、提供财务报告与控制方面的专业知识以及帮助管理者制定并实施组织战略的职业。"该定义首次将管理会计定义为一个职业,很好地解决了不同层面管理会计的不同职责,从而动态地将管理会计的内容与职责相联系。

简单来说,管理会计是形成以"决策会计"为首要地位,并与"执行会计"共同为主体的基本框架。"执行会计"的核心是责任会计,即评价和控制经营

活动的进程和效果；"决策会计"的核心是决策的效益评价。而计划（预算）则是对决策所选定的有关方案的加工、汇总。

经过长期的实践证明，管理会计在技术层面上的研究取得了十分重要的成果，其运用多样化的技术方法，促使基本结构的成熟和定型化。其方法的多样化和复杂程度与财务会计所用的方法相比，特色更加鲜明，可总称为分析性方法，主要分为以下几种。

①成本性态与量本利分析。

②生产经营全面预算的编制方法。

③存货的计划与控制方法。

④矩阵代数、数学分析、数学规划等现代数学方法的广泛应用。

⑤短期经营决策方案的对比分析和相关成本、非相关成本的划分。

⑥标准成本制定和差异分析方法。

⑦长期投资决策方案评价方法。

⑧成本可控性的划分。

从总体上看，相应的社会文化观是一门学科技术的灵魂和生命。管理会计想要对社会经济发展产生积极作用，需要正确的社会文化观指导技术方法的运用。

（二）管理会计技术方法的历史发展

当人们开始从市场上与他人进行交易的时候，对交易记录的需求就产生了。尽管会计报告已经有了几千年的历史，但直到 1494 年意大利数学家卢卡·帕乔利《算术、几何、比及比例概要》一书的出版，才有了一套健全的复式记账的系统，标志着近代会计的开端。复式簿记是近代会计史中的一个重要里程碑。

19 世纪之前，早期的交易都发生在企业主与企业之外的个人之间，交易完全发生在市场中，很容易对企业的业绩进行评估，即收到的现金大于支出的现金即可。

1. 职能型发展阶段

18 世纪后期，发源于英格兰中部地区的工业革命，对会计信息有了新的需求。以前点对点的外部交易，需要通过内部加工过程来完成，企业就需要一种或多种指标来衡量内部产生的"价格"。最终，通过设计指标，将成本分配到最终产品上，以此弥补产品所缺乏的价格信息，从而能够计算出每个环节上的效益以及总效益。这样，以成本为重心的管理会计就应运而生了。管理会计的发展支持了那些多生产、多层次管理的企业追求利润的活动，这些企业比在市场上不断进行交易来完成加工过程的企业更有效率。

可以看出，管理会计信息是为了便于特定企业的管理而产生的，设计管理会计指标的目的是激励和评估内部过程的效率，而不是评估企业的总体利润。评估企业总体利润的财务报告系统是与管理会计系统相互独立运行的。

2. 决策型发展阶段

管理会计系统的进一步发展与科学管理运动联系在一起。

19世纪中叶出现的金属制造业，向管理会计系统提出了一系列新的挑战。由于这类产品是由同一原料投入，但产出的产品类别繁多，完工产品所耗的资源千差万别，以前管理会计所仰赖的单一的成本计量方式就难以真实地评价企业生产经营的业绩。

金属制造业的机械工程师，为了解决企业生产效率的分析评价不够系统的问题，发明了科学管理运动。泰勒与其同事一起建立了许多新的成本计量指标，以用于提高效率以及评估对人工和材料的利用情况，综合人工、材料以及分配的其他间接成本或一般性管理费用，形成了完工产品的单位成本，便能帮助管理者进行价格决策。自此之后，管理会计系统便与决策相关联，同时，标准成本制度也应运而生。

管理会计系统的下一个进步发生在20世纪早期，目标是支持多样化企业的发展。1903年，由多个各自独立的单一经营公司合并创立的杜邦公司，是这类新型企业组织的一个典型代表。新生的杜邦公司的管理层面临着如何协调一个垂直统一管理的制造及营销企业当中的各种不同的业务，以及如何将资源进行有效分配以产生最大收益的问题。为此，杜邦公司管理者设计了多个重要的经营和预算指标，以协调各部门的经营活动。其中，最重要、持续时间最长的管理会计创新是投资报酬率指标。投资报酬率指标为企业整体及各部门的经营业绩提供了评价依据，管理层借助于该指标，就能够把有限的资源分配至最获利的部门。自此之后，管理会计系统便与预算和预测方法联系在一起，并用于规划和协调各部门的经济活动。

3. 战略管理型发展阶段

20世纪80年代，制造业企业的创新为管理会计系统的发展提出了新挑战。同时，经济全球化、服务业与计算机智能化的兴起也为管理会计的发展提供了新的契机。企业意识到，企业的发展不仅要关注财务指标，还要关注非财务指标，管理会计的指标体系也有了新的拓展。上述各因素，共同促成了管理会计系统向更加广阔的深度发展，具体表现在重视产品生产质量、产品设计、降低产品成本、适时生产和分配、作业成本基础以及关注非财务指标的评价体系（如平衡计分卡）等。

在我国，尽管 20 世纪 70 年代末期才全面引进西方管理会计，但在新中国成立开始，我国已经非系统地开展了一些管理会计的工作。

20 世纪 50 年代，在社会主义建设的浪潮中，很多企业为降低成本，提高生产率，研究并采用了班组核算与劳动竞赛相结合的方式，以此取得了显著的成效。这一阶段，主要体现的是执行性的管理会计阶段，即在计划经济条件下，产品的定价采用的是成本加成法。国家为防止企业成本失控和产品价格失控，对企业成本管理制度建设十分重视，严格把控企业成本项目的确定和成本开支范围。从国家颁布的各种成本管理制度来看，可见其对以成本为核心的内部责任会计的重视程度，期望能提高稀缺资源的使用效率，并大幅度降低成本。

随着社会主义市场经济体系和现代企业制度的建立，我国的管理会计也与时俱进，在吸收国外先进经验的同时，开始从执行性的管理会计阶段向决策性管理会计方向转变。

21 世纪的管理会计将形成一个超越传统财务会计、以单位价值创造为核心的、具有独特性的全新综合体系，我国管理会计体系也将步入一个重要的发展阶段。我国财政部于 2014 年 11 月颁布了《关于全面推进管理会计体系建设的指导意见》，其内容指出以培养管理会计人才和建设中国特色管理会计体系为目标，建立起包括理论、指引、人才、信息化加咨询服务（简称"4+1"）的有机发展模式。

三、以正确的社会文化观为指导

（一）管理会计以决策为核心，为管理提供支持

决策是管理者的首要职能，也是管理的核心。现代管理科学认为，管理会计应将"决策会计"作为核心内容放在首位。

经过长期的发展和实践，对"决策会计"所形成的短期经验和长期投资决策的评价是丰富多样的。决策的民主化和科学化关系是在具体运用中必须要解决的问题。

现代管理科学将管理系统和管理人员分为三个层次。

①决策系统和决策人员。

②决策支持系统和参谋人员。

③执行与控制系统和执行人员。

管理系统和管理人员相互适应，其中会计人员作为参谋人员属于决策支持系统。

（二）预算管理确定目标任务，确立员工的主体地位

预算管理介于决策会计和执行会计之间，有着承上启下的作用。预算管理将决策会计所定决策目标具体化，同时又规范着执行会计对目标的贯彻执行和指导行为。

预算管理的首要任务是根据决策方案，形成企业生产经营的全面预算，制定该时期内要完成的目标和任务。为了更好地落实和具体化，需要根据指标分解，以责任预算的形式开展日常经营活动。预算管理的技术方法，已经趋于定型化，但其社会文化层面的问题还有许多，需要更深入的研究。

经过长期的实践，工作内部的凝聚力与最终取得的效果有着直接联系，凝聚力越强，效果越好，凝聚力越弱，效果越差。竞争，是一个企业发展、前进必不可少的一部分。企业通过提高员工的竞争意识，充分发挥员工的潜能，促使员工之间既有协作，又有竞争，在一定时间和范围内取得最佳的成果。

为使管理会计向更深的层次发展，以正确的社会文化观为指导的同时，还应注意以下两点。

1. 形成"参与性分预算"

尊重预算执行者独立自主精神，用员工参与制定的"参与性预算"，代替过去的"强加性分预算"。以此增强执行者的责任感，充分调动员工的积极性，提高工作效率和完成效果。

2. 形成"自主管理"机制

"自主管理"机制是指执行者之间形成相互遵循的权责关系，相互规范、贯彻落实决策目标的行为，促使预算执行者在其运作中，以自行调节、控制、适应的方式，形成"自主管理"机制。为使企业总体目标顺利实现，还应建立用于及时发现和纠正"失衡"现象的动态追踪式的瞬时信息网络，保持各个环节的协调运作。

第四节　知识经济时代管理会计发展的新趋势

一、从传统的成本会计转为基于经营管理活动的成本核算

企业对成本的控制是使企业在市场竞争中保持竞争优势的战略之一。企业的竞争优势是指企业所创造出的价值，是客户愿意为产品支付的价钱，当价值超过其成本，便是优势。

20 世纪 20 年代，通用汽车公司创立了传统的成本会计方法，这种核算方法仅核算工作的成本，具有局限性。一般来说，核算工作成本需要考虑有关的竞争性和获利性成本，反之，容易导致成本的不恰当分配。因此，向基于经营管理活动的成本核算转变是必然的。

二、价值链成本核算

整个经济过程的成本是企业要想成功立足于全球市场的重要核算部分。随着市场各种不确定因素的增加，如顾客讨价还价，产品从过去的以成本确定价格逐渐向以价格确定成本的趋势转换，价值链成本核算法在企业成本核算中逐渐占有重要地位。经过长期的发展，已经有许多企业通过企业兼并形成纵向一体化的方法，并在产品价值链成本的管理上取得了显著的优势。

在新形势下，以前单纯核算自身经营成本已经不能满足企业的发展，因此，企业必须转向核算整个价值链的成本，并与其他厂商合作控制，以寻求最大的利益。

三、对竞争对手的分析

随着社会经济的飞速发展，只有不断加强企业竞争力，才能不被社会所淘汰。因此，企业在提高自身的同时，也要对现有的和潜在的竞争对手进行全面的了解。古人曾说，知己知彼，方能百战百胜。分析对手的财务和非财务信息，制定相应的战略，可以从以下三方面分析对手的竞争力。

（一）核心潜力的评估

首先应对竞争企业各个职能部门进行分析，研究对手最具优势或最具潜力的职能部门，制定应对政策；同时也要了解其弱点，即能力最差的职能部门，制定出奇制胜的策略。

（二）增长能力评估

了解竞争对手财务方面的实力，如能否增加市场占有率、对财务增长的承受极限，以及能否满足筹集外部资金的需求等。通过研究分析对手优缺点，对比自身企业的优势和劣势。

（三）迅速反应能力及持久耐力的评估

要求管理会计所具有的专业知识能够准确地分析和评估竞争对手的长处和弱点。未支配的现金储备、储备的借贷能力等因素决定着一个企业的迅速反应能力和持久耐力。

四、评价企业绩效的测评指标的改变

20 世纪 80 年代，大部分企业因产品质量的降低，导致竞争力下降，因此，这一时期的全面质量管理方法风靡全球。

90 年代以后，伴随着信息技术的发展和经济全球化，我国企业进入买方市场时期，市场竞争日益加剧。为了在新形势下的竞争中得以生存，同时也为了创造更有利的竞争环境，我国企业致力于改变供大于求的常态，不断改变自身战略，最终采用以客户为中心的发展战略，适应以信息为基础的竞争。

目前为止，我国大多数企业所建立的经营和管理控制系统只重视短期财务指标，对长期战略的发展毫无帮助，导致战略开发与实施产生了差距。与单纯财务报表相比，反映企业经济状况和发展前景的指标组合更有用，如产品质量、顾客满意度、创新能力等。

常用的新测评指标有以下两种。

（一）平衡计分法

平衡计分法是从四个角度综合地测评企业绩效。一是顾客角度，即顾客对企业所呈现的产品是如何看待的；二是发展角度，即企业能否在原有的基础上继续提高，创造更高的价值；三是内部业务流程角度，即一个企业必须具有的核心竞争能力；四是财务角度。

平衡计分法不仅克服了传统管理体系的缺陷，并且将企业长期战略目标和短期财务指标联系起来，为企业长期发展战略打下坚实基础。

（二）基准指标法

基准指标法采用相对比较法，是指用自身企业的优劣势同竞争对手或其他行业的佼佼者的优劣势进行比较。这种方法有助于拓宽企业的眼界，产生强烈的改进意识。

随着时代不断进步，我国研究者们也不断摸索，寻求更符合我国企业发展的新方法。新的业绩测评方法对企业而言，既是机遇也是挑战，需要长期的实践，才能选择出更恰当的测评标准。

第五节　知识经济的形成与发展对管理会计体系的影响

一、企业经营目标的多元化

一个企业的目标是要以企业的一切经营活动为出发点。管理会计是一个企业的生产经营的决策者和信息提供的智慧者，当然在这一切活动中，要优先考虑企业的经营目标。

国内外相关学科的各位学者对管理会计提出了诸多问题，例如，如何界定企业的经营目标是否有了一个逐渐认识、深化发展的过程，并且在这个发展的过程中，如何认识和联系管理会计与人性的关系。

美国著名行为科学研究者马斯洛，在20世纪40年代提出了"需要层次论"，这一理论主要是认为人的需要大致可以分为以下五个等级。

第一，生理的需要，在生活中，衣、食、住、行是人类最基本的需要。

第二，安全的需要，说到安全不单单是指生命的安全保障，在这里也包括生活和财产的安全。

第三，友好与归属的需要，每个人在学习工作生活中都会有属于自己的组织，在组织中要和成员之间友好相处彼此信任，建立彼此之间归属感。

第四，尊重的需要，每个人都应该得到别人的尊重，同时也要尊重别人，在组织中成员之间相互尊重也是对工作产生自豪感的根本需要。

第五，自我实现的需要，当人们在完成自己学习或工作的任务时，可以从中获得极大的满足感，这是一种对自身的肯定，也是自我实现的最高价值。

以上五个层次的需要，能够构成一个金字塔形状。

我们在马斯洛对人的需要理论中，可以看出该理论把人分成了三种类型，即经济人、社会人和文化人。"经济人"侧重于前两个层次，第三个层次侧重于"社会人"，最后一个层次是对"文化人"的侧重，而第四层次，属于在"社会人"的第三层次和"文化人"第五层次之间的一个层次，第四层次既和"社会人"有关联也和"文化人"有着一定的关联。

　　利用金字塔的形状把人的类型作为这样的划分也存在着一定的意义。它是一个企业对员工考察的衡量标准，也是一个企业整体经营目标的客观依据。

　　具体来说，在20世纪工业经济发展的初期，管理学家泰勒认为，能够在企业的环境和条件下组成的人员，可以将他们看作是"经济人"。一个企业中的行为准则是要以企业的整体经营为目标，在一定程度上也要遵循"经济人"的行为准则。

　　当一个企业的经济发展到一个较高的阶段时，企业的整体经营目标也要发生一定的改变，要将利润放在第一位，偶尔也要对员工实行奖励机制。当企业发展到这一阶段时，就不能再将员工看作是"经济人"，而应把他们看作是"社会人"，是具有感情思维、情感思维，有主动性和能动性的"社会人"。

　　企业在社会中是一种有机联合体。从长远的发展来看，在这种社会有机联合体中，企业不能再以"利润最大化"这样一个单一的形式作为整体目标，应该要把企业能够长期健康发展放在眼前，作为总体发展目标。因为"利润最大化"只能够侧重企业短期的行为发展，并不能使企业长期发展，所以必须要消除这种对企业的不利因素，才能够为企业的长期健康发展创造有利的条件。

　　企业的员工由原来的"经济人"转变为"社会人"。对于这一转变，员工的个人目标也变得多样化，他们不再以追求经济利益作为单一的目标，而是以心理、社会与经济的各个方面为目标。因此企业对员工的奖励也不能局限于经济上，同时也要对员工的心理、社会和经济各个方面进行激励。

　　当企业从工业经济转向知识经济时，能够成为企业的核心员工都是达到高智力的"文化人"，这些员工有着崇高的精神境界，当企业的员工是由高智力的文化人组成的集体时，企业生产经营也不会再将多元化作为经营目的，更不会以单一的"利润最大化"作为经营目标，而是要寻求适应"文化人"的特点和需求，采用更高层次的适用于"社会本位"的多元化因素作为首要的经营目标。这一经营目标的出现，从根本上可以看出，是以企业非功利性作为主导的。

　　当一个企业的员工更多的是"文化人"作为主体时，这从侧面可以看出社会也是以知识为核心发展的社会，是高度文明的社会。在这种环境的企业工作，员工的视野也会变得更加开阔，也会产生恢宏的气度。员工在这样的企业中也要充分利用企业的优势，要不断地为社会创造更多可以利用的新价值，能够解决社会面临的环境资源、社会教育等诸多问题。要为社会的进步，尽可能地做到自己最大的贡献。

　　总之，企业的经营目标从最初的"单一的利润最大化"向"企业本位目标多样化"，到最后的"经营目标的多元化"，这一系列的变化过程是由低到高的发展过程。

能够为企业经营目标"利润最大化"服务的是财务会计，因为财务会计是最直接有效地实现较低层次的企业经营目标，而管理会计在企业中则有更大的发展空间。如果说财务会计是为实现较低层次的管理目标出现的，那么管理会计是为实现较高层次的企业经营目标而存在的。

二、"决策支持系统"的转变

管理会计在企业中是"决策支持系统"中的一个子系统，是从事企业中的决策研究的工作。在决策支持系统上要把侧重点放在企业领导人进行决策的时候提供信息和支持。

人们对于决策支持系统的认识不是很全面。因为它既不能适应经济发展的总趋势，也不符合"产业民主运动"的基本要求。知识对于广大"高智力"的员工而言是最重要的精神财富，知识是不会通过领导的发号施令就能够快速产生的，人类创造性的知识是知识经济中最为重要的生产要素。

形成这一要素的唯一办法，就是要产生一种新的有效机制。这就要求激发每个员工的责任感和乐于奉献的精神，使每个员工都能够将头脑中的知识财富转化为企业的创造源泉。

如果要做到企业的转变，就要改变企业原有的经济结构，由原来纵向发展的集权化管理，转换为横向发展的分权化管理，能够让基层员工作为管理权力的基础，能够让大多数员工在企业中作为主体，赋予更多员工知情权、自主权和参与权，使每位员工能够在各自的岗位中直接了解到员工的本位原则，针对出现的各种情况能够自行决策。企业这样的管理模式在决策体系上形成了"倒金字塔式"，在这样的形式中形成了员工以自我管理为基础的模式，并在工作岗位中形成能够自行调节问题的机制。

只有发展这样的管理模式，才能让企业整体上提高在客观环境变化中灵活的反应能力。集权化管理模式的缺陷是凡事都要层层上报，在上级允许后才能采取行动，在一定程度上浪费了很多时间，如果没有及时得到上级的允许，可能就会产生严重的损失，所以针对这一缺陷，要在根本上消除企业的集权化管理模式。

"倒金字塔"决策体制建立以后，企业的高层领导采用什么方式才能够实现好一个领导职能呢？可以采取"鼓舞性的领导方式"或"支持性的领导方式"，进而得到员工的认可。

企业的高层领导并不是在采用"倒金字塔式的决策体制"后，就可以变得无所事事，这一体制的出现是为了让他们能够尽量避免各个单位员工在日常工作中的具体事务，而是要求他们能够集中主要精力，去研究企业的全面发展，还要从宏观角度为企业考虑整体性的发展并且提出远见的谋划。

广大员工也能在这一决策体制中，独立自主、心情愉悦地开展工作，不会在工作中受到外来因素的种种干扰。这样的环境，也有利于企业的生产经营，为企业的发展创造了有利的条件，也在一定程度上能够让员工在自己的岗位上充分发挥才能，创造出优秀的业绩，能够用自身的才能为企业长久健康的发展做出巨大的贡献。

三、会计的"二维结构"向"三维结构"转变

从历史中可以看出，农业经济的发展特点是以自给自足为主，当时生产出来的东西，在消费完之后还有剩余，不管是地主还是农民，他们将剩余的东西作为"资产"积累下来。从中可以看出当时的人们只会存钱，不会花钱，因为当时还没有"资本"或"投资"的经济概念，所以他们也不知道如何将剩余的资产转化为资本，更不会把自身具有的资产拿去投资。

随着社会的进步，科技的发展，会计的发展随着社会经济环境的变化而变化，所以说会计的发展和社会的发展是密切联系的。由于社会环境的飞速发展，我们可以看出会计由最早的单式记账的"一维结构"发展成复式记账的"二维结构"。从这一发展的过程中可以看出，是由最初自给自足的农业经济，逐渐转向与工业经济发展相适应的过程。

而如今我们要面临着巨大的转变，就是由工业经济时代向知识经济时代逐渐过渡。知识经济生产要素的核心关键是要有创造性的知识内容，有了创造性的知识才能在原有的工业经济的基础上进一步深化发展，随着新的发展也会伴随着新的问题的出现。从会计角度上看，由于经济发展，财务会计原来的"二维结构"无法解决知识经济时代出现的问题。由于工业经济向知识经济的转变，会计也要突破"二维结构"模式对知识经济的限制，向"三维结构"模式转变，走独立发展的道路，这也是会计发展的必然结果。

参考文献

[1] 许亚湖 . 管理会计研究——资金运用管理论 [M]. 北京：中国财政经济出版社，2016.

[2] 冉秋红 . 智力资本管理会计研究 [M]. 武汉：武汉大学出版社，2007.

[3] 周琳 . 管理会计变革与创新的实地研究 [M]. 上海：上海交通大学出版社，2012.

[4] 张曾莲 . 政府管理会计的构建与应用研究 [M]. 厦门：厦门大学出版社，2011.

[5] 傅元略，余绪缨 . 企业创新与管理会计创新的相关问题研究 [M]. 北京：中国财政经济出版社，2007.

[6] 上海市财政局 . 管理会计的上海实践 [M]. 上海：上海财经大学出版社，2016.

[7] 汪蕾 . 成本管理会计 [M]. 天津：南开大学出版社，2015.

[8] 郭晓梅 . 高级管理会计理论与实务 [M]. 大连：东北财经大学出版社，2016.

[9] 韩文连 . 管理会计学 [M]. 北京：首都经济贸易大学出版社，2015.

[10] 周国光 . 交通运输企业管理会计学 [M]. 上海：立信会计出版社，2014.

[11] 许金叶 . 管理会计 [M]. 北京：经济管理出版社，2006.

[12] 赵栓文，马国清 . 管理会计学（第二版）[M]. 上海：立信会计出版社，2016.

[13] 刘仲文 . 人力资源会计（第三版）[M]. 北京：首都经济贸易大学出版社，2016.

[14] 王跃武 . 人力资源会计应用性研究：理论、方法与尝试 [M]. 长沙：湖南大学出版社，2015.

[15] 袁水林，何存花 . 成本会计与管理 [M]. 北京：中国财政经济出版社，2015.

[16] 夏宽云 . 战略管理会计——用数字指导战略 [M]. 上海：复旦大学出版社，2007.

[17] 李惟莊 . 管理会计 [M]. 上海：立信会计出版社，2017.

[18] 苏利平 . 管理会计（第二版）[M]. 北京：经济管理出版社，2017.

[19] 向美英，唐文 . 管理会计 [M]. 北京：中国轻工业出版社，2014.

[20] 严紫月，梁奕 . "互联网 +"时代下管理会计领域的挑战与创新思维研究 [J]. 现代商业，2018（27）：148-149.

[21] 蒋昆伦 . 管理会计与财务管理融合发展相关问题研究 [J]. 纳税，2018（27）：100.

[22] 杨丽莹 . 基于经济转型期的管理会计在业财融合中的应用探讨 [J]. 会计师，2018（18）：16-17.

[23] 戚利浓 . 浅析管理会计在企业运用中存在的问题及解决对策 [J]. 纳税，2018（27）：57-58.

[24] 吴振业 . 关于管理会计的变迁管理与创新的分析研究 [J]. 现代经济信息，2018（18）：250.

[25] 董柏艳 . 大数据时代企业管理会计发展趋势探讨 [J]. 中国市场，2018（29）：191-192.